Elisabeth Maierbeck

Urbanes Wohnen in München

Elisabeth Maierbeck

Urbanes Wohnen in München

Das Projekt Theresienhöhe

AV Akademikerverlag

Impressum/Imprint (nur für Deutschland/only for Germany)
Bibliografische Information der Deutschen Nationalbibliothek: Die Deutsche Nationalbibliothek verzeichnet diese Publikation in der Deutschen Nationalbibliografie; detaillierte bibliografische Daten sind im Internet über http://dnb.d-nb.de abrufbar.
Alle in diesem Buch genannten Marken und Produktnamen unterliegen warenzeichen-, marken- oder patentrechtlichem Schutz bzw. sind Warenzeichen oder eingetragene Warenzeichen der jeweiligen Inhaber. Die Wiedergabe von Marken, Produktnamen, Gebrauchsnamen, Handelsnamen, Warenbezeichnungen u.s.w. in diesem Werk berechtigt auch ohne besondere Kennzeichnung nicht zu der Annahme, dass solche Namen im Sinne der Warenzeichen- und Markenschutzgesetzgebung als frei zu betrachten wären und daher von jedermann benutzt werden dürften.

Coverbild: www.ingimage.com

Verlag: AV Akademikerverlag GmbH & Co. KG
Heinrich-Böcking-Str. 6-8, 66121 Saarbrücken, Deutschland
Telefon +49 681 9100-698, Telefax +49 681 9100-988
Email: info@akademikerverlag.de

Herstellung in Deutschland (siehe letzte Seite)
ISBN: 978-3-639-42443-0

Imprint (only for USA, GB)
Bibliographic information published by the Deutsche Nationalbibliothek: The Deutsche Nationalbibliothek lists this publication in the Deutsche Nationalbibliografie; detailed bibliographic data are available in the Internet at http://dnb.d-nb.de.
Any brand names and product names mentioned in this book are subject to trademark, brand or patent protection and are trademarks or registered trademarks of their respective holders. The use of brand names, product names, common names, trade names, product descriptions etc. even without a particular marking in this works is in no way to be construed to mean that such names may be regarded as unrestricted in respect of trademark and brand protection legislation and could thus be used by anyone.

Cover image: www.ingimage.com

Publisher: AV Akademikerverlag GmbH & Co. KG
Heinrich-Böcking-Str. 6-8, 66121 Saarbrücken, Germany
Phone +49 681 9100-698, Telefax +49 681 9100-988
Email: info@akademikerverlag.de

Printed in the U.S.A.
Printed in the U.K. by (see last page)
ISBN: 978-3-639-42443-0

Copyright © 2012 by the author and AV Akademikerverlag GmbH & Co. KG and licensors
All rights reserved. Saarbrücken 2012

Inhaltsverzeichnis

ABBILDUNGSVERZEICHNIS IV

TABELLENVERZEICHNIS V

ABKÜRZUNGSVERZEICHNIS VI

1 URBANES WOHNEN IN MÜNCHEN 1
  1.1 Die Münchner Wohnungspolitik 2
  1.2 Entwicklungen im Münchner Wohnungsbau 2
  1.3 Die Theresienhöhe als Forschungsgegenstand 4
  1.4 Das Konzept Theresienhöhe 6
  1.5 Ziel der Arbeit 8
  1.6 Aufbau der Arbeit 9

2 THEORETISCHE ANSÄTZE UND AKTUELLE FORSCHUNGEN 11
  2.1 Urbanes Wohnen – was ist das? 11
    2.1.1 Der Begriff Stadt in der Geographie 11
    2.1.2 Räumliche Ordnungsprinzipien der nachhaltigen Stadtentwicklung 12
  2.2 Das Thema Wohnen auf verschiedenen Maßstabsebenen 14
    2.2.1 Wanderungsforschung – ein weites Feld 15
      2.2.1.1 Definition Wanderung 15
      2.2.1.2 Ansätze zur Erklärung von Wanderungen 15
      2.2.1.3 Typisierungsversuche von Wanderungen 16
      2.2.1.4 Differentielle Migration 17
      2.2.1.5 Die Hypothese der Mobilitätstransformation 18
    2.2.2 Überregionale Wanderungsvorgänge 19
    2.2.3 Modelle der Stadtstruktur und Stadtentwicklung 21
      2.2.3.1 Bodennutzungsmodelle 21
      2.2.3.2 Bevölkerungsverteilung in der Großstadtregion 22
      2.2.3.3 Typische Wanderungsvorgänge im Großstadtbereich 24
      2.2.3.4 Gentrification 25
    2.2.4 Stadtteilebene 27
      2.2.4.1 Allgemeines Entscheidungsmodell bei Wanderungen 27
      2.2.4.2 Entscheidungen im Konzept der Lebensphasen 29
      2.2.4.3 Ausdifferenzierung von Haushaltstypen und Lebensphasen 31
      2.2.4.4 Entscheidungen im Lebenslaufkonzept 33
      2.2.4.5 Entscheidungen und Lebensstile 34
    2.2.5 Wohnung, Wohnbedürfnisse und Wohnumgebung 35
      2.2.5.1 Besonderheiten des Gutes Wohnung und des Wohnungsmarkts 36
      2.2.5.2 Wohnbedürfnis und Wohnzufriedenheit 37
      2.2.5.3 Nachbarschaften in der Großstadt 38
      2.2.5.4 Identität und Identifikation 40

2.3 Anwendungen auf das Quartier Theresienhöhe 41

2.3.1 Annahmen zu Bevölkerungs- und Haushaltsstruktur 41
2.3.2 Annahmen zu den nachbarschaftlichen Kontakten zwischen den Bewohnern 43
2.3.3 Annahmen zum Zuzugsverhalten der Haushalte in das Quartier 44
2.3.4 Annahmen zur Identität, Identifikation und Integration 45
2.3.5 Annahmen zur Wohnumgebung und ihrer Bewertung durch die Bewohner 47

3 METHODIK UND VORGEHENSWEISE 49

3.1 Kartierung der Wohnumgebung 49

3.2 Haushaltsbefragung 51

3.2.1 Entwicklung des Fragebogens 52
3.2.2 Vorgehen bei der Befragung 53
3.2.3 Vorgehen bei der Auswertung der Ergebnisse 55

4 ERGEBNISSE DER UNTERSUCHUNG 57

4.1 Die Theresienhöhe und ihre Umgebung 57

4.1.1 Die Schwanthalerhöhe – altes Arbeiterviertel mit Flair 57
4.1.2 Sendling – Traditionsviertel im Wandel 59
4.1.3 Das Untersuchungsgebiet Theresienhöhe 61
    4.1.3.1 Lage des Quartiers 61
    4.1.3.2 Grün- und Freiflächen in der Wohnumgebung 61
    4.1.3.3 Gebäude und Straßenbild 62
    4.1.3.4 Einrichtungen und Angebote im Wohnumfeld 63
    4.1.3.5 Münchner Mischung und Wohnungsteilmärkte 64
    4.1.3.6 Verkehrssicherheit und Unfallgefahr 66
    4.1.3.7 Fazit 66

4.2 Wohnen im Quartier Theresienhöhe - Ergebnisse der Haushaltsbefragung 67

4.2.1 Bevölkerungs- und Haushaltsstruktur im Quartier Theresienhöhe 68
    4.2.1.1 Bevölkerungszusammensetzung 68
    4.2.1.2 Haushalte als Untersuchungsebene 70
    4.2.1.3 Haushalte und Lebensphasen 72
    4.2.1.4 Haushaltsstruktur und Wohnungsteilmärkte 73
    4.2.1.5 Nationalität und Haushalte 74
    4.2.1.6 Erwerbstätigkeit und Einkommen 75
    4.2.1.7 Bildungsabschluss und Haushalte 77
    4.2.1.8 Versorgung mit Wohnraum 78
    4.2.1.9 Neue Haushaltsformen – wo sind sie und wer wohnt hier? 80
    4.2.1.10 Auf den Spuren der „Yuppies" und „DINKS" 81
    4.2.1.11 Fazit 82

4.2.2 Nachbarschaftliche Kontakte im Quartier Theresienhöhe 83
    4.2.2.1 Zufriedenheit mit der Nachbarschaft 83
    4.2.2.2 Intensität der Kontakte mit der Nachbarschaft 84
    4.2.2.3 Nachbarschaftliche Kontakte in verschiedenen Haushaltsgruppen 85
    4.2.2.4 Fazit 87

4.2.3 Zuzugsverhalten der Bewohner 87
    4.2.3.1 Herkunftsräume der Haushalte 88
    4.2.3.2 Gründe für den Umzug 90

Inhaltsverzeichnis

4.2.3.3 Alternative Wohnstandorte 93
4.2.3.4 Fazit 94
4.2.4 Identität, Identifikation und Integration 95
4.2.4.1 Wahrzeichen und charakteristische Merkmale der Theresienhöhe 95
4.2.4.2 Lieblingsplätze der Bewohner im Wohnumfeld 97
4.2.4.3 Integration in die angrenzenden Stadtviertel 99
4.2.4.4 Fazit 100
4.2.5 Beurteilung der Wohnsituation durch die Bewohner 100
4.2.5.1 Zufriedenheit der Bewohner mit ihrer Wohnung 101
4.2.5.2 Zufriedenheit der Bewohner mit ihrer Wohnumgebung 102
4.2.5.3 Bewertung der Wohnumgebung im gesamtstädtischen Vergleich 103
4.2.5.4 Unterschiede in der Zufriedenheit mit der Wohnumgebung 104
4.2.5.5 Störfaktoren und Verbesserungsvorschläge 106
4.2.5.6 Weitere Indikatoren zur Bewertung der Wohnumgebung 107
4.2.5.7 Fazit 108

5 DAS KONZEPT THERESIENHÖHE – EIN RESÜMEE 109

5.1 Erreichte Ziele 109

5.2 Problemfelder und Handlungsempfehlungen 109

5.3 Übertragbarkeit der Ergebnisse 111

LITERATURVERZEICHNIS 113

ANHANG I 118

ANHANG II 128

Abbildungsverzeichnis

Abbildung 1: Innerstädtische Umstrukturierungsgebiete in München (Baubeginn bis 2008) ... 3

Abbildung 2: Phasenmodell der Mobilitätstransformation ... 18

Abbildung 3: Modell der Bevölkerungsentwicklung in Agglomerationsräumen ... 22

Abbildung 4: Modell typischer Wanderungen im Großstadtbereich ... 24

Abbildung 5: Allgemeines Entscheidungsmodell bei Wanderungen ... 28

Abbildung 6: Verallgemeinertes Lebenszykluskonzept ... 32

Abbildung 7: Umgebung des Quartiers Theresienhöhe ... 57

Abbildung 8: Versorgungssituation im Quartier Theresienhöhe ... 64

Abbildung 9: Nutzungsmischung im Quartier Theresienhöhe ... 65

Abbildung 10: Altersaufbau aller Mitglieder der befragten Haushalte ... 69

Abbildung 11: Lebensphasen der befragten Haushalte ... 72

Abbildung 12: Haushaltsstruktur der Befragten in den Wohnungsteilmärkten ... 73

Abbildung 13: Nationalität der befragten Haushalte in den Wohnungsteilmärkten ... 74

Abbildung 14: Haushaltsnettoeinkommen der Beragten in den Haushaltstypen ... 75

Abbildung 15: Haushaltsnettoeinkommen der Befragten in den Wohnungsteilmärkten ... 76

Abbildung 16: Neue und alte Haushaltsformen unter den Befragten ... 80

Abbildung 17: Zufriedenheit der befragten Haushalte mit der Zusammensetzung der Nachbarschaft ... 84

Abbildung 18: Intensität nachbarschaftlicher Kontakte der befragten Haushalte ... 84

Abbildung 19: Intensität nachbarschaftlicher Kontakte der Befragten nach Haushaltsgröße ... 86

Abbildung 20: Herkunftsräume der befragten Haushalte in München und Bayern auf Postleitzahlengebiete genau ... 89

Abbildung 21: Herkunftsräume der befragten Haushalte nach Haushaltstypen ... 90

Abbildung 22: Am häufigsten genannte Umzugsgründe der befragten Haushalte ... 91

Abbildung 23: Umzugsgründe der befragten Haushalte in Kategorien und Herkunftsräume ... 91

Abbildung 24: Umzugsgründe der befragten Haushalte in den Wohnungsteilmärkten ... 92

Abbildung 25: Wahrzeichen des Quartiers für die befragten Bewohner ... 96

Abbildung 26: Lieblingsplätze der Befragten und Lage der Wahrzeichen ... 97

Abbildung 27: Existenz eines Lieblingsplatzes der Befragten in den Wohnungsteilmärkten ... 98

Abbildung 28: Aussagen der Befragten zur Integration des Quartiers in anliegende Stadtviertel ... 99

Abbildung 29: Zufriedenheit der befragten Haushalte mit verschiedenen Aspekten der Wohnumgebung ... 102

Abbildung 30: Zufriedenheit der befragten Haushalte mit der Wohnumgebung in den Haushaltstypen (Mittelwerte) ... 105

Tabellenverzeichnis

Tabelle 1: Maßstabsebenen und Untersuchungsschwerpunkte zum Thema Wohnen 14
Tabelle 2: Einflussfaktoren auf die Flächennutzung in städtischen Räumen 22
Tabelle 3: Ansprüche an Wohnung und Wohnumgebung nach Lebenszyklusphasen 29
Tabelle 4: Dimensionen der Wohnumgebung in der Münchner Bürgerbefragung 2000 50
Tabelle 5: geplante und durchgeführte Interviews 55
Tabelle 6: Berechnung der Gewichtungsfaktoren 55
Tabelle 7: Wohnlagendefinition des Mietspiegel für München 2005 59
Tabelle 8: Altersstruktur aller Mitglieder der befragten Haushalte im Vergleich zu Gesamtstadt und Bezirk 68
Tabelle 9: Haushaltsgrößen der Befragten im Vergleich zu Gesamtstadt und Bezirk 70
Tabelle 10: Haushaltstypen der Befragten im Vergleich zu Gesamtstadt und Bezirk 71
Tabelle 11: Durchschnittliche Wohnfläche pro Person in den Haushaltstypen 79
Tabelle 12: Durchschnittliche Wohnfläche pro Person in den neuen Haushaltsformen 81
Tabelle 13: Anteil der befragten Yuppies im Quartier Theresienhöhe 82
Tabelle 14: Zuzüge der befragten Haushalte nach Herkunftsräumen im Vergleich zur Gesamtstadt 88
Tabelle 15: Vergleichende Mittelwerte der Zufriedenheit befragter Haushalte und der Gesamtstadt mit Dimensionen der Wohnumgebung 104

Abkürzungsverzeichnis

BBR	Bundesamt für Bauwesen und Raumordnung
BMVBW	Bundesministerium für Verkehr, Bau- und Wohnungswesen
DIFU	Deutsches Institut für Urbanistik
EOF	Einkommensorientierte Förderung
HVB	HypoVereinsbank
IMU	Institut für Medienforschung und Urbanistik
LHM	Landeshauptstadt München
MGS	Münchner Gesellschaft für Stadterneuerung mbH
WoFG	Wohnraumförderungsgesetz

1 Urbanes Wohnen in München

Wohnungsnot ist in der Stadt München ein Dauerthema. Bereits seit Jahren gilt der Münchner Wohnungsmarkt als angespannt. In München werden in einfachen und durchschnittlichen Lagen Mieten verlangt, die in anderen deutschen Städten für Wohnungen in Spitzenlagen gezahlt werden (vgl. POPP 2003, S.178). Bei einer Erstvermietung liegt der durchschnittliche Preis in guten Lagen etwa bei 13,50 €/m². Auch bei einer Wiedervermietung wird nicht wesentlich weniger gezahlt. Damit bewegen sich die Münchener Mieten in einem Bereich, der etwa ein Viertel über dem Hamburger und um 60% über dem Berliner Niveau liegt (vgl. HVB EXPERTISE GMBH 2002, S.13). Hohe Preise und Mieten auf dem freifinanzierten Wohnungsmarkt sind Zeichen für Wohnungsknappheit. Angebot und Nachfrage passen in München nicht zusammen. Da es dabei vor allem an preiswertem Wohnraum mangelt, ist dies ein „spezifisches Problem des unteren sozialen Drittels" (LHM 1995, S.10) der Münchner Bevölkerung.

Seit 1970 ist die Einwohnerzahl von 1,3 Millionen nur um etwa 100.000 Einwohner auf rund 1,4 Millionen gewachsen. Die Anzahl der Wohnungen stieg hingegen bis 2001 von rund 500.000 Wohneinheiten auf rund 700.000. Dennoch ist preisgünstiger Wohnraum knapp. Die Mieten erhöhten sich deutlich, von 1987 bis 2001 um 65%, Tendenz steigend (vgl. LHM 2002a, S.8). Für diese Entwicklung gibt es zwei Ursachen. Zum einen wachsen die Flächenansprüche der Bewohner. Die Wohnfläche ist pro Einwohner von 24 m² im Jahr 1970 auf etwa 39 m² 2001 angestiegen (vgl. KLEIN 2001, S.14). Zum anderen kann die Stadt München mit über 50% an Einpersonenhaushalten als Hauptstadt der Singles in Deutschland bezeichnet werden. Der Trend zum Single-Haushalt führte dazu, dass die Anzahl der Haushalte in München stärker zugenommen hat als die Einwohnerzahl.

Viele, die es sich leisten können, sind auch bereit, hohe Mieten zu zahlen. Die Vorteile des Standorts und die wirtschaftliche Attraktivität der Stadt tragen dazu bei. Da viele Mietwohnungen in Eigentumswohnungen umgewandelt werden, wird das Angebot an günstigem Wohnraum zusätzlich geschmälert (vgl. POPP 2003, S.178).

Das Angebot an günstigen Wohnungen auf dem freien Markt wird durch den geförderten Wohnungsbau ergänzt. Doch auch hier ist die Nachfrage höher als das Angebot. Im sozialen Wohnungsbau nimmt die Anzahl der günstigen Wohnungen ab, da die verbilligten Mieten zeitlich befristet sind und mehr Sozialbindungen auslaufen als neue Wohnungen gefördert werden (vgl. LHM 2004a, S.47).

1.1 Die Münchner Wohnungspolitik

In der kommunalen Politik ist der angespannte Wohnungsmarkt ein wichtiges Thema. Um schnell umsetzbare Maßnahmen zur Behebung des Münchner Wohnungsmangels zu beraten, lud Oberbürgermeister Christian Ude im Februar 2001 im Rahmen des „Münchner Bündnis für Wohnungsbau" wichtige Akteure der Münchner Wohnungswirtschaft ein. In Arbeitsgruppen wurden Anregungen erarbeitet und konstruktive Lösungsansätze gesucht. Die Ergebnisse wurden anschließend im Plenum diskutiert und in das Handlungsprogramm „Wohnen in München III" eingearbeitet.

In diesem Handlungsprogramm ist ein kommunales Förderprogramm für den Wohnungsbau festgehalten. Es sieht vor, dass über einen Zeitraum von fünf Jahren jährlich durchschnittlich 7.000 Wohnungen neu gebaut werden. Außerdem sollen durchschnittlich 1.800 öffentlich geförderte Wohnungen entstehen und die Fördergrenzen für Familien angehoben werden (vgl. LHM 2001a, S.2ff).

1.2 Entwicklungen im Münchner Wohnungsbau

Doch Wohnungsbau kann sehr unterschiedlich aussehen. In den 80er und 90er Jahren wurden vor allem kleinere Flächen in der Stadt bebaut. Mehr als 60% der Neubauprojekte umfassten weniger als 1.000 Wohnungen. Die Schwerpunkte haben sich in den letzten Jahrzehnten verschoben (vgl. LHM 2002a, S.15).

Durch verschiedene Entwicklungen zu Beginn der 1990er Jahre, wie zum Beispiel die Umwandlung von Bahn und Post in Aktiengesellschaften und die Umstrukturierung der Bundeswehr, ergaben sich „ungeahnte Entwicklungschancen" (REISS-SCHMIDT 2003, S.68) für die Stadt München. Es wurden Bahn-, Post- und Telekomflächen frei, ebenso konnten Kasernenflächen umgenutzt werden. Hinzu kamen brachgefallene Gewerbe- und Industrieflächen. Aufgrund dieser freigewordenen und brachgefallenen Gebiete werden seitdem schwerpunktmäßig größere Bauprojekte in Angriff genommen.

Dabei handelt es sich sowohl um bedeutende Projekte am Stadtrand als auch um große innerstädtische Umstrukturierungsgebiete (Abbildung 1). In den Konzepten zur Umnutzung dieser innerstädtischen Brachflächen wird eine „angemessene Mischung von Wohnen, Arbeiten und Freiflächen bei einem höheren Wohnanteil als bisher angestrebt" (LHM 2002a, S.15).

1 Urbanes Wohnen in München

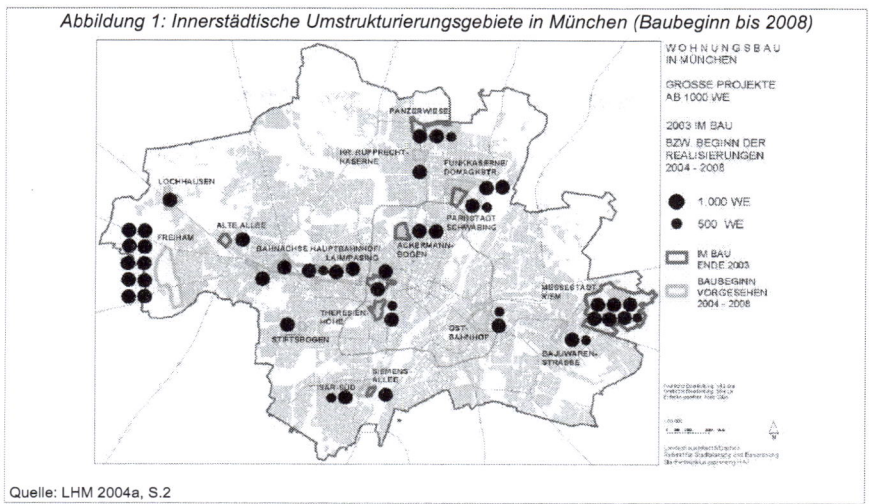

Abbildung 1: Innerstädtische Umstrukturierungsgebiete in München (Baubeginn bis 2008)

Quelle: LHM 2004a, S.2

Mit der Entscheidung in den 1960er Jahren, den Münchner Flughafen von dem räumlich begrenzten Standort in Riem in eine entwicklungsfähige Umgebung zu verlagern, wurde eine Umzugskette in Gang gebracht, deren Ausmaß damals wohl niemand vorhergesehen hat:

1992 wurde der Münchner Flughafen von Riem in das Erdinger Moos verlegt. Auf dem alten Flughafengelände entstand 1998 mit dem Umzug der Messe München die Messestadt Riem. Das bisherige Messegelände befand sich seit 1908, erst als Ausstellerpark, später zur Messe München ausgebaut, hinter Ruhmeshalle und Bavaria im Innenstadtbereich. Durch die Verlagerung der Messe an den Stadtrand wurde eine Fläche von 47 Hektar in bester Lage frei, die sich auch noch im Besitz der Stadt befand. Mit dem Umzug der Messe auf das alte Flughafengelände 1998 begann die Entwicklung eines innerstädtischen Bereichs mit dem Namen Theresienhöhe (vgl. REISS-SCHMIDT 2001, S.116).

In das neue Stadtquartier Theresienhöhe werden hohe Erwartungen gesetzt. „Ich bin sicher, dass die neue Theresienhöhe ein Anziehungspunkt für viele Menschen wird, sei es, um dort zu leben, zu arbeiten oder ihre Freizeit zu genießen, sei es, um die Architektur zu begutachten." (LHM 2001b, S.5) so Oberbürgermeister Christian Ude.

In der vorliegenden Arbeit wird der Bereich des Wohnens im neuen Quartier Theresienhöhe untersucht. Innenstadtnah entstehen hier ca. 1400 Wohnungen, von denen im Frühjahr 2005 bereits über 1.000 fertiggestellt sind. Ein langer Planungsprozess und die hohen Erwartungen in das Projekt werfen die Frage auf, was bis heute, fünf Jahre nach Beginn des Baus, auf dem ehemaligen Messegelände entstanden ist und inwieweit die Pläne und Vorstellungen umgesetzt werden konnten.

Daraus wird folgende Leitfrage entwickelt:

> Inwieweit wurde das Konzept Theresienhöhe im Bezug auf den Bereich Wohnen verwirklicht?

Bevor näher auf die Leitfrage eingegangen werden kann, wird die Relevanz des Themas und das Forschungsinteresse am Schwerpunkt Wohnen im Quartier Theresienhöhe ausgeführt.

1.3 Die Theresienhöhe als Forschungsgegenstand

Im Sinn einer nachhaltigen Entwicklung ist das Hauptziel der deutschen Siedlungspolitik „ein haushälterisches Flächenmanagement als kommunale und regionale Aufgabe, das heißt eine sparsame, natur- und sozialverträgliche Flächennutzung" (BMVBW 2001, S.13).

Als wesentliches Handlungsfeld gegen wachsende Flächeninanspruchnahme der Städte nach außen wird eine städtebauliche Innenentwicklung verstanden. Dabei ist die Reaktivierung von Brachflächen ein „wesentliches Element des Stadtumbaus" (WIEGANDT 1997, S.621) und seit Jahren ein „wichtiges städtebauliches Thema" (a.a.O., S.622). In den meist zentral gelegenen Brachflächen liegt daher für eine Innenentwicklung und damit für einen nachhaltigen Stadtumbau in Deutschland eine große Chance.

München gehört mit fast 4.000 Einwohnern pro Quadratkilometer zu den Städten mit der größten Bevölkerungsdichte in Deutschland. Bei wachsenden Flächenansprüchen der Bewohner stellt die Umstrukturierung der brachgefallenen Flächen im Stadtgebiet eine Alternative zu einer Erweiterung der Siedlungsfläche nach außen dar. Dabei wird das Ziel verfolgt, eine Abwanderung der Bewohner und Betriebe in das Umland zu verhindern, ohne die knappen Freiflächen für Erholung und ökologischen Ausgleich in der Stadt zu verkleinern. Die Theresienhöhe ist aufgrund ihrer attraktiven Lage am Innenstadtrand ein wesentliches Element dieser Strategie der qualifizierten Innenentwicklung in München (vgl. THALGOTT 2001, S.8).

Aufgrund der politischen Relevanz von Projekten zur Reaktivierung von Brachflächen in Deutschland und der speziellen und aktuellen Bedeutung der Theresienhöhe für München wird dieses Gebiet als Untersuchungsgebiet ausgewählt.

Über die Bedeutung für die qualifizierte Innenentwicklung hinaus leistet die Theresienhöhe auch zur Umsetzung des wohnungspolitischen Handlungsprogramms „Wohnen in München III" einen wesentlichen Beitrag. Für die gegenwärtige Wohnungsmarktsituation haben die 1.400 frei finanzierten und geförderten Wohnungen eine sehr große Bedeutung (vgl. a.a.O., S.12). Daher liegt der Untersuchungsschwerpunkt der Arbeit auf dem Bereich Wohnen im Quartier Theresienhöhe.

1 Urbanes Wohnen in München

Dass an den Entwicklungen auf der Theresienhöhe auch ein großes gesellschaftliches Interesse besteht, spiegeln Reaktionen in der Presse wider. So schreibt zum Beispiel am 14.1.2004 die Süddeutschen Zeitung: „München erfindet die Theresienhöhe neu, moderner großstädtischer und dichter, als es alle Freunde des Millionendorfes wahrhaben wollen" (HERWIG 2004, o.S.) oder am 16.12.2003 „Trotz aller Nörgelei: Die Theresienhöhe und mit ihr das Westend zählt zu den neuen Aufsteiger-Vierteln Münchens" (HAGEMANN 2003, o.S.).

Aktuelle Forschungen belegen das wissenschaftliche Interesse an Themenbereichen, die auch die vorliegende Arbeit behandelt. Im Rahmen des experimentellen Wohnungs- und Städtebaus wurden von 1996 bis 1999 im Forschungsfeld „Nutzungsmischung im Städtebau" auch innerstädtische Umstrukturierungsgebiete erforscht (vgl. BBR 2000, S.6). Außerdem befasst sich das Bundesamt für Bauwesen und Raumordnung im Forschungsband „Wohnungsmärkte in Deutschland 2004" mit dem zunehmend unübersichtlichen und sich regional weiter ausdifferenzierenden deutschen Wohnungsmarkt (vgl. BBR 2004, S.11). Das Deutsche Institut für Urbanistik (DIFU) hat 2004 eine Untersuchung zum Thema „Wohnen in der Innenstadt – eine Wiederentdeckung?" durchgeführt. Ziel der Untersuchung war es, mehr Erkenntnisse über Wohnwünsche und Wohnpräferenzen, und vor allem über Wohnstandortentscheidungen privater Haushalte zu erhalten. Unter anderem wurde in München eine Befragung durchgeführt (vgl. DIFU 2005, o.S.). Das IMU-Institut für Medienforschung und Urbanistik untersuchte im Auftrag der Stadt München in der Studie „Raus aus der Stadt?" Motive von Fortzügen aus München in das Umland im Zeitraum von 1998 bis 2000 (vgl. LHM 2002c, S.4). Die vorliegende Untersuchung kann sich in ihrem Themengebiet in die genannten Forschungen einreihen.

Mit der Überprüfung des Konzepts Theresienhöhe gehört diese Arbeit zum Teilgebiet der angewandten Stadtgeographie. „Die Angewandte Geographie hat (...) Fragen der Praxis aufzugreifen, für die es kein befriedigendes Wissen aus bisherigen Erfahrungen gibt" (SCHAFFER 1986, S.183). Nach SCHAFFER ist die angewandte Stadtgeographie ein „praxisbegleitender Forschungsprozess" (a.a.O.). Vor dem Hintergrund des Konzepts Theresienhöhe sollen bisherige Entwicklungen erforscht werden. Außerdem sollen daraus für die weitere Entwicklung Empfehlungen ausgearbeitet werden.

Das Konzept für die Entwicklung der Theresienhöhe verfolgt mehrere Ziele. Daher ist es für die Untersuchung nötig, die Leitfrage mit Hilfe von Unterleitfragen weiter auszuführen. Zu diesem Zweck werden im Folgenden die Ziele des Konzepts Theresienhöhe vorgestellt.

1.4 Das Konzept Theresienhöhe

Die Ziele und Strategien der Stadtentwicklung in München orientieren sich an den Leitlinien des Stadtentwicklungsplans „Perspektive München". Im Rahmen einer nachhaltigen Stadtentwicklung dient das Projekt Theresienhöhe als Modellprojekt für die Stadtentwicklung in München. Ziel eines Modellprojektes ist es, die Leitlinien zu konkretisieren und zu realisieren.

Die Entwicklungen auf der Theresienhöhe begannen mit einem Stadtratsbeschluss 1996 für den 45 Hektar großen Bereich. Im Grundsatzbeschluss des Stadtrats wurde als Ziel „Die Entwicklung eines Gebietes mit eigenständigem Charakter und hohem Identifikationswert, unter Berücksichtigung der gesamtstädtischen Bedeutung des zentrumsnahen Standortes, aber insbesondere auch seiner Bedeutung für die benachbarten Stadtviertel" (THALGOTT 2001, S.10) formuliert. Um Ideen für ein Bebauungskonzept zu sammeln, wurde 1996 ein kooperativer, städtebaulicher Ideenwettbewerb ausgelobt, den das Architekturbüro Steidle+Partner mit den Landschaftsplanern Thomanek+Duquesnoy gewann (vgl. LHM 2004b, S.2).

Als Baustein der qualifizierten Innenentwicklung der Stadt München sollen die Entwicklungen auf der Theresienhöhe einer Abwanderung der Bevölkerung ins Umland entgegen wirken. Außerdem verfolgt das Konzept Theresienhöhe als Modellprojekt der Perspektive München Ziele, die im Folgenden dargestellt sind[1].

Leitlinie „Sicherung und Förderung wirtschaftlicher Prosperität"

Innenstadtnah entstehen Standorte für Unternehmen der Dienstleistungs-, Medien- und IT-Branche sowie für handwerkliche Betriebe. Diese Branchenmischung wird als „Münchner Mischung" bezeichnet. Die „Münchner Mischung" bezieht sich auch auf die Mischung von Wohnen und Arbeiten. Daher sollen auf der Theresienhöhe 1.400 Wohnungen und etwa 4.000 Arbeitsplätze entstehen sozialen Friedens durch soziale Kommunalpolitik"

Mit der „Münchner Mischung" wird auch das Ziel verfolgt, eine Mischung von geförderten und frei finanzierten Wohnungen innerhalb eines Viertels zu schaffen. Damit werden „stabile und gesunde Stadtviertel [gefördert], die den Querschnitt der Bevölkerung widerspiegeln. Gerade wenn in allen neuen Wohnbaugebieten die sogenannte Münchner Mischung realisiert wird, muss in keinem Viertel der dringend erforderliche geförderte Wohnungsbau stärker gehäuft werden. Das verhindert überforderte Nachbarschaften, in denen das Wohnen an Wert verlieren kann" (LHM 2005a, o.S.). Auf der Theresienhöhe umfasst der Bau öffentlich geförderter Wohnungen für Bezieher geringer und mittlerer Einkommen etwa die Hälfte der Wohnungen.

---

[1] vgl. hierzu ausführlich THALGOTT 2001 und REISS-SCHMIDT 2001

Darüber hinaus soll eine verbesserte Ausstattung durch soziale Infrastruktur für Kinder und Jugendliche die soziale Integration fördern. Das Konzept sieht eine Grundschule, ein Jugendzentrum und Kindertagesstätten im Quartier Theresienhöhe vor.

Leitlinie „Entwicklung zukunftsfähiger Siedlungsstrukturen durch qualifizierte Innenentwicklung"

Unter dem nachhaltigen Prinzip „kompakt-urban-grün" werden verschiedene Aspekte einer qualifizierten Innenentwicklung zusammengefasst: das Prinzip sieht Umstrukturierungsgebiete, die im Bereich des öffentlichen Nahverkehrs liegen, mit dichter Bebauung vor, die gemischt genutzt werden und gut mit öffentlichen Freiflächen versorgt sind. Für das innerstädtische Gebiet Theresienhöhe in dicht bebauter Umgebung sind eine ausreichende Versorgung von Grün- und Freiflächen und der Erhalt von bestehenden Freiflächen eine wichtige Aufgabe. Der Norden der Theresienhöhe soll Teil eines Stadtteilzentrums werden.

Leitlinie „Bewahrung der Münchner Stadtgestalt – Förderung neuer Architektur"

Um den hohen Anforderungen an die städtebauliche und architektonische Qualität gerecht zu werden, wurden Realisierungswettbewerbe für die Einzelbauvorhaben durchgeführt. Außerdem wurde ein Gestaltungsbeirat berufen, der bei Bedarf, ähnlich einer Wettbewerbsjury beitragen zur ganzheitlichen Verbesserung der Mobilität für alle Verkehrsteilnehmer"

Priorität haben öffentliche Verkehrsmittel, der Radverkehr und Fußgänger. Attraktive Verbindungen zum Westpark und zu den anliegenden Quartieren sind Beispiele für Ziele im Rahmen dieser Leitlinie.

Neben den Zielen entsprechend der Perspektive München war eine wesentliche Anforderung an die Planung, dass das gesamte Projekt wirtschaftlich erfolgreich durchgeführt wird. Es sollte sich komplett durch Grundstücksverkäufe finanzieren, was durch die erzielten Grundstückspreise gelungen ist (vgl. BERNHOFER 2001, S.31).

Das Ziel der „Balance zwischen eigenständiger Identität und Einbindung in die Nachbarschaft" (REISS-SCHMIDT 2001, S.117) wurde bereits im Grundsatzbeschluss des Stadtrats 1996 formuliert. Um Bedenken der Anwohner zu begegnen, wurden die Bewohner der angrenzenden Stadtviertel bereits vor dem städtebaulichen Ideenwettbewerb über die Entwicklungen auf der Theresienhöhe informiert. Während der Planung wurde großer Wert auf Bürgerbeteiligung und Zusammenarbeit mit den betroffenen Bezirksausschüssen gelegt. In Workshops, Veranstaltungen und Sitzungen eines begleitenden Arbeitskreises gab es die Möglichkeit zur Diskussion und für Vorschläge zur Planung. Dabei kam es nicht immer zu einer Einigung.

Grünflächenanteil, Dichte, Höhenentwicklung und Gestaltung der Gebäude waren Streitpunkte, bei denen die Erwartungen von Nachbarn oder Bezirksausschüssen und die aus fachlicher Sicht gefundenen Lösungen der Planer nicht miteinander vereinbar waren (vgl. BÖHM 2001, S.29).

Um das Quartier städtebaulich in die Umgebung einzubinden, wird in der Bebauung die Blockstruktur und der Maßstab der benachbarten Quartiere aufgegriffen. Der Bavariapark, der jahrelang der Öffentlichkeit nicht zugänglich war, und die denkmalgerechte Sanierung der Jugendstil-Messehallen, die künftig als Verkehrszentrum des Deutschen Museums genutzt werden, sollen hingegen helfen, eine eigenständige Identität zu entwickeln. Die Vernetzung des Parks mit anderen Grünflächen und gute Wegeverbindungen in die anliegenden Viertel haben das Ziel, die Integration in die Gesamtstadt wieder zu fördern (vgl. THALGOTT 2001, S.10).

1.5 Ziel der Arbeit

Mehrere Ziele, die im Konzept für die Entwicklung der Theresienhöhe entwickelt wurden, betreffen den Bereich Wohnen. Daher lässt sich anhand der vorgestellten Ziele die Leitfrage

> Inwieweit wurde das Konzept Theresienhöhe im Bezug auf den Bereich Wohnen verwirklicht?

in verschiedene Themenblöcke unterteilen.

Der erste Themenblock beschäftigt sich mit der Bevölkerungs- und Haushaltsstruktur im Quartier Theresienhöhe. Durch verschiedene Finanzierungsarten der Wohnungen (frei finanziert und gefördert) soll eine „Münchner Mischung" der Bevölkerung erreicht werden. Zur Untersuchung dieses Teilthemas werden folgende Fragen formuliert:

> Wer wohnt hier?
> Welche Bevölkerungs- und Haushaltsstruktur ist entstanden?
> Wie beeinflussen die unterschiedlichen Finanzierungsarten die Bevölkerungszusammensetzung und Haushaltsstruktur?

Diese Mischung soll zusammen mit entsprechender Infrastruktur soziale Integration fördern. Ob sich auf der Theresienhöhe räumliche Nähe auf die gesellschaftlichen Kontakte der Bewohner auswirkt, damit beschäftigt sich folgender Frageblock:

> Schafft räumliche Nähe auch soziale Beziehungen?
> Wie intensiv sind die nachbarschaftlichen Kontakte?

Als Teil einer qualifizierten Innenentwicklung Münchens ist ein wichtiges Ziel, der Abwanderung ins Umland entgegenzuwirken. Ausgehend von diesem Ziel ergeben sich Fragen, die sich mit den Hintergründen des Zuzugs beschäftigen:

> Welche Motive haben private Haushalte für den Zuzug?
> Für wen sind innerstädtische Neubauviertel attraktiv?
> Wird durch Wohnraum auf der Theresienhöhe wirklich eine Abwanderung ins Umland verhindert?

Die Eingliederung der Theresienhöhe in ihr städtisches Umfeld und die Entwicklung einer eigenständigen Identität sind Kernziele des Konzepts Theresienhöhe. Der Block Identifikation, Identität und Integration umfasst daher folgende Fragen:

> Womit identifizieren sich die Bewohner?
> Ist die Theresienhöhe aus Sicht der Bewohner eine neue Insel in der Stadt oder gliedert sie sich in die anliegenden Stadtviertel ein?

Zwei letzte Fragen beschäftigen sich mit der Wohnumgebung, die auf der Theresienhöhe entstanden ist. Dabei wird zwischen einer objektiven Beschreibung und einer subjektiven Einschätzung der Bewohner unterschieden:

> Was ist hier für eine Wohnumgebung entstanden?
> Wie wird sie von den Bewohnern wahrgenommen?

Ziel der Arbeit ist es außerdem, die Ergebnisse in einen gesamtstädtischen Kontext einzuordnen. Über die Theresienhöhe hinaus wird versucht, die Ergebnisse auf andere Projekte zu übertragen, sowohl innerhalb Münchens als auch deutschlandweit.

1.6 Aufbau der Arbeit

Die vorliegende Arbeit gliedert sich in fünf Kapitel. Das **zweite Kapitel** soll theoretische Kenntnisse zum Thema „urbanes Wohnen" vermitteln, um auf deren Basis Annahmen über das Leben im Quartier Theresienhöhe entwickeln zu können. Verschiedene Untersuchungsschwerpunkte des Forschungsbereichs Wohnen werden zu diesem Zweck angesprochen. Um unnötige Wiederholungen zu vermeiden, gehen Erkenntnisse aus aktuellen Forschungen direkt in die Erläuterungen der verschiedenen Schwerpunkte mit ein. Das Ende des Kapitels bilden die hypothetischen Annahmen über das Wohnen im Quartier.

Die Leitfragen und Hypothesen führen im **dritten Kapitel** zur Auswahl der Methoden. Auch die Entwicklung der Erhebungsinstrumente und die Vorgehensweise bei der Erhebung finden Eingang in dieses Kapitel. Die Forschungsmethodik beinhaltet zwei Bereiche. Die Erfassung der aktuellen Situation im Quartier Theresienhöhe durch Literaturrecherche und Kartierungen werden im ersten Teil beschrieben. Den Hauptteil der empirischen Arbeit bildet eine standardisierte Haushaltsbefragung. Wie Informationen über die Bevölkerungs- und Haushaltsstruktur und Meinungen, Beweggründe und Bewertungen der Bewohner empirisch ermittelt werden, wird im zweiten Teil des Kapitels beschrieben.

Im **vierten Kapitel** werden die Ergebnisse der Untersuchung dargestellt und interpretiert. Der erste Teil beschreibt die Theresienhöhe und ihre anliegenden Stadtviertel. Darauf aufbauend werden die Ergebnisse aus der Haushaltsbefragung dargestellt und die formulierten Hypothesen überprüft. Die Themenblöcke der Leitfrage bilden dabei die Gliederung.

Das zusammenfassende **fünfte Kapitel** zeigt auf, welche Ziele des Konzepts Theresienhöhe bisher erreicht wurden und welche Problemfeder und Empfehlungen durch die vorliegende Untersuchung herausgearbeitet werden können. Eine Übertragbarkeit der Ergebnisse auf andere Projekte in München oder in anderen deutschen Städten bildet den Abschluss des letzten Kapitels. Dabei wird auch der Frage nachgegangen, inwieweit eine Übertragung des Konzepts Theresienhöhe für andere Projekte sinnvoll ist.

2 Theoretische Ansätze und aktuelle Forschungen

Das neu entstandene Gebiet der Theresienhöhe soll nach den aus dem Konzept entwickelten Leitfragen untersucht werden. Dafür ist es nötig, unterschiedliche Untersuchungsaspekte des „urbanen Wohnens" in der Wissenschaft und in aktuellen Forschungen herauszuarbeiten und näher zu beleuchten.

Zu diesem Zweck wird im Folgenden erst auf den Begriff „urbanes Wohnen" näher eingegangen. Anschließend werden unterschiedliche Aspekte des Themas Wohnen in Wissenschaft und Forschung auf verschiedenen räumlichen Maßstabsebenen betrachtet. Der Fokus liegt auf Ausführungen, die für die Untersuchung des Wohnens auf der Theresienhöhe interessant sind. Die Erkenntnisse aus Wissenschaft und Forschung werden dann auf das Quartier Theresienhöhe angewandt.

2.1 Urbanes Wohnen – was ist das?

Die Begriffe „Stadt" und „Urbanität" sowie „urbanes Wohnen" lassen sich nicht eindeutig definieren. Sowohl in verschiedenen Forschungsdisziplinen als auch in den unterschiedlichen Teilen der Erde gibt es verschiedene Kriterien, mit welchen der Begriff Stadt beschrieben werden kann.

2.1.1 Der Begriff Stadt in der Geographie

Für die Stadtgeographie lässt sich eine Vielzahl verschiedener Merkmale aufzählen, die den Begriff Stadt qualitativ oder quantitativ bestimmen. Dabei können die Merkmale unterschiedlich kombiniert werden.

Eine Stadt kann als eine größere – zum Beispiel nach der Einwohnerzahl - und kompakte Siedlung beschrieben werden. Jedoch ist heute vor allem in den Industrieländern der Übergang zwischen Stadt und Land fließend, eine geschlossene Siedlung und die Stadt als Gegensatz zum Land ist zumindest in den Industrieländern ein eingeschränktes Kriterium zur Beschreibung des Stadtbegriffs. Eine hohe Bebauungsdichte und überwiegend mehrstöckige Gebäude sind städtebauliche Merkmale zur Bestimmung einer Stadt (vgl. HEINEBERG 2001, S.25).

Eine funktionale innere Gliederung in beispielsweise City, Wohnviertel und Naherholungsgebiete als Merkmal einer Stadt ist abhängig von den Bodenpreisen der jeweiligen Lagen. Außerdem bilden Institutionen des Handels, Bildung, Kultur und Verwaltung aufgrund von wirtschaftlichen Synergieeffekten räumliche Cluster (vgl. ZEHNER 2001, S.27). Besonderheiten in der Bevölkerungs- und Sozialstruktur, zum Beispiel ein hoher Anteil an

Singlehaushalten, und eine innere sozialräumliche Gliederung sind weitere Kriterien um eine Stadt zu charakterisieren (vgl. HEINEBERG 2001, S.25).

Bevölkerungswachstum durch Zuwanderung in die Stadt und Einpendlerüberschuss sind demographische Merkmale, hängen aber eng mit wirtschaftsgeographischen Kriterien zusammen. Hierzu zählen hohe Wohn- und Arbeitsplatzdichten, überwiegend Arbeitsplätze im sekundären und tertiären Sektor und ein hohes Maß an Arbeitsteilung. Die Bedeutung von Einrichtungen im Bereich Verwaltung, Bildung, Kultur, Medizin und Politik sowie von spezialisierten Einzelhandelsunternehmen über die Stadt hinaus zeichnen eine Stadt aus (vgl. ZEHNER 2001, S.25).

Aus verkehrsgeographischer Sicht bündeln sich in einer Stadt wichtige Verkehrswege, außerdem ist die Verkehrsdichte und die Umweltbelastung durch Emissionen, Lärm, Wasserverschmutzung und Flächenversiegelung hoch (vgl. a.a.O., S.28).

Urbanität als städtische Lebens- und Kulturform ist ein weiteres Merkmal einer Stadt, vor allem ihrer Stadtbewohner. Der Begriff Urbanität ist relativ unbestimmt und bezeichnet die Vielfalt der Kulturen, sozialen Welten und Szenen in einer Stadt. Urbanität umschreibt die Gesamtheit der Qualitäten, aus der städtisches oder großstädtisches Leben besteht (vgl. LESER 1997, S.935). Der Begriff beinhaltet die Gewohnheiten, Traditionen und Einstellungen, die den spezifischen Charakter und die Wesensart einer größeren Stadt ausmachen (vgl. BRUNOTTE 2002a, S.273).

Urbanes Wohnen oder Wohnen in der Stadt kann also als Wohnen in einem Umfeld mit oben genannten Merkmalen oder deren Kombinationen betrachtet werden. Im stadtentwicklungspolitischen Kontext bietet sich noch eine weitere Herangehensweise an den Begriff „urbanes Wohnen" an. Wird bei aktuellen Stadtentwicklungsprojekten im innerstädtischen Bereich Wohnraum geschaffen, wie es auch bei dem Projekt Theresienhöhe der Fall ist, so folgen die Planungen den räumlichen Prinzipien der kompakten und durchmischten Stadt sowie der Polyzentralität.

2.1.2 Räumliche Ordnungsprinzipien der nachhaltigen Stadtentwicklung

Seit der Novellierung des Bau- und Raumordnungsgesetzes 1998 ist eine flächensparende Siedlungsentwicklung eine normative Vorgabe in Deutschland (vgl. BMVBW 2001, S.13).

Aufbauend auf Überlegungen einer ökologischen, möglichst umweltgerechten Stadtentwicklung, die seit Mitte der achtziger Jahre in Deutschland diskutiert werden, gelten heute die drei räumlichen Ordnungsprinzipien Dichte, Mischung und Polyzentralität für ein räumliches Konzept nachhaltiger Stadtentwicklung als wesentlich (vgl. HEINEBERG 2001, S.127ff).

Dichte im Städtebau bedeutet kompakte und dennoch qualitativ hochwertige Bebauung, die ein Ausufern der Siedlungen in die Fläche und höheres Verkehrsaufkommen verhindern soll. Potentiale in bereits bebauten Bereichen der Innenstadt sollen genutzt werden, zum Beispiel die Schließung von Baulücken oder die Wiedernutzung innerstädtischer Brachflächen. Neben der Flächeneinsparung ist durch Dichte eine sparsamere Ressourcennutzung im Bereich der Energieversorgung und eine effizientere Erschließung mit öffentlichen Verkehrsmitteln möglich (vgl. BERGMANN 1997, o.S.).

Neben dem Prinzip der Dichte ist die **Mischung** ein weiteres räumliches Ordnungsprinzip für eine nachhaltige Stadtentwicklung. Die Nutzungsmischung in Stadtquartieren umfasst:

die Verflechtung von Wohnstandorten und Arbeitsplätzen, sowie Bildungs-, Versorgungs- und Freizeiteinrichtungen, also eine Mischung und Verflechtung von Orten mit Grunddaseinsfunktionen innerhalb von Stadtquartieren auch in zentraler innerstädtischer Lage,

die Durchmischung von verschiedenen sozialen Gruppen, Haushaltsformen und Lebensstilgruppen, also eine soziale Mischung und

eine baulich-räumliche Mischung (vgl. ARING 1995, S.510).

Mit einer Nutzungsmischung werden verschiedene Ziele verfolgt. Wie das Prinzip der Dichte ermöglicht auch die Mischung verkehrsmindernde, energie- und flächensparende Stadt- und Siedlungsstrukturen auf regionaler und gesamtstädtischer Ebene. „Eine eher kleinräumige Nutzungsmischung auf Stadtteilebene kann die Voraussetzungen zur Schaffung von Urbanität, zur Förderung eines Quartierlebens, zur Begünstigung urbaner Vielfalt, zum Abbau von Segregation und zur Verbesserung der Lebenssituation benachteiligter Bevölkerungsgruppen schaffen" (BERGMANN 1997, o.S.).

Dem Ordnungsprinzip **Polyzentralität** kommt vor allem bei der Entwicklung des städtischen Umlands eine besondere Bedeutung unter dem Stichwort dezentrale Konzentration zu (vgl. a.a.O.). Für die innerstädtische Stadtentwicklung bedeutet Polyzentralität die Stärkung von Subzentren neben der City, um eine wohnortnahe Grundversorgung der Bevölkerung zu gewährleisten.

Urbanes Wohnen umfasst somit im Sinn einer nachhaltigen Stadtentwicklung folgende Aspekte:

Flächen- und energiesparendes Wohnen findet in kompakten, aber dennoch qualitativ hochwertigen baulichen Strukturen mit guter öffentlicher Verkehrsanbindung statt. Die Möglichkeit der kurzen Wege zu Arbeit, Versorgungs-, Bildungs- und Freizeiteinrichtungen soll gegeben sein. Außerdem handelt es sich um Wohnen in einem lebendigen Stadtquartier mit einer heterogenen Bevölkerungsstruktur sowie mit durchmischter Bebauung.

Neben diesen positiven Aspekten, die urbanes Wohnen im Sinn einer nachhaltigen Stadtentwicklung bedeuten kann, dürfen Nachteile des städtischen Wohnens und Vorteile des Wohnens im Umland an dieser Stelle nicht vernachlässigt werden.

Hohe Bebauungsdichten, fehlende Grün-, Spiel- und Freiflächen sowie Umweltbelastungen sind seit den 70er Jahren in Deutschland Gründe für Teile der Stadtbevölkerung, aus der Kernstadt fortzuziehen. Außerdem bildet das unzureichende Angebot an preiswerten Grundstücken und Wohnungen einen wichtigen Faktor für den Wegzug vieler Haushalte, vor allem mit Kindern. Oft ist der Wunsch nach Eigentum nur im Umland umsetzbar. Durch Infrastrukturausbau und neue Wohngebiete mit lockerer Einzel- und Reihenhausbebauung im grünen Umland werden Fortzüge ins Umland gefördert (vgl. GAEBE 2004, S.142f).

Nicht nur die Begriffe „Stadt" und „Urbanität" beinhalten eine Vielzahl von Merkmalen. Das Thema „Wohnen" umfasst ebenfalls verschiedene Aspekte, die in der geographischen Forschung untersucht werden. Wohnen als Untersuchungsobjekt beinhaltet nicht nur die Wohnung sondern auch den Wohnstandort und seine Wahl. Ob eine Wohnstandortverlagerung innerhalb einer Region oder darüber hinaus erfolgt, die Gründe dafür und ihre Auswirkungen interessieren ebenfalls im Rahmen des Themas „Wohnen". Auch die bereits beschriebene Wohnumgebung und die Zufriedenheit damit sind Aspekte des Untersuchungsschwerpunkts.

2.2 Das Thema Wohnen auf verschiedenen Maßstabsebenen

In der Stadtgeographie finden sich verschiedene Maßstabsebenen, die unterschiedliche Betrachtungsweisen eines Untersuchungsthemas zulassen. LICHTENBERGER unterscheidet das zwischenstädtische System von dem innerstädtischen System. Dabei gliedert sich das innerstädtische System auf in eine gesamtstädtische Ebene, eine Mesoebene mit Stadtvierteln als räumliche Bezugsebene und eine Mikroebene, auf der Einzelstandorte oder Straßenabschnitte betrachtet werden (vgl. LICHTENBERGER 1998, S.21). Im Folgenden wird das Thema Wohnen unter verschiedenen Blickwinkeln vorgestellt.

Tabelle 1: Maßstabsebenen und Untersuchungsschwerpunkte zum Thema Wohnen

Maßstabsebene		Untersuchungsschwerpunkte
Zwischenstädtisches System		Überregionale Wanderungsvorgänge
Innerstädtisches System	Gesamtstadt	Verteilung von Nutzungen und Bewohnern in der Großstadt, Veränderungen und Auswirkungen
	Stadtviertel	Verhalten bei der Wohnstandortwahl
	Einzelstandort	Wohnung, Wohnbedürfnis

Quelle: eigene Tabelle nach HEINEBERG 2001, S.21

Als Gliederung dienen die räumlichen Bezugsebenen, denen Untersuchungsschwerpunkte zugeordnet werden (Tabelle 1).

2.2.1 Wanderungsforschung – ein weites Feld

Ein zentraler Forschungsbereich, der sowohl in die zwischenstädtische als auch in die innerstädtische Dimension Eingang findet, ist der Bereich der Wanderungen. Daher werden eine Definition und unterschiedliche Perspektiven zur Erklärung von Wanderungen vorangestellt. Außerdem werden mögliche Typisierungen vorweg erklärt.

2.2.1.1 Definition Wanderung

ALBRECHT definiert Wanderung oder Migration als „die Ausführung einer räumlichen Bewegung, die einen vorübergehenden oder permanenten Wechsel des Wohnsitzes bedingt" (ALBRECHT 1972, S.23). Damit bezeichnet man mit Migration eine spezifische Form der räumlichen Mobilität. Diese lässt sich in zwei große Gruppen unterscheiden. Neben einem „Positionswechsel zwischen den verschiedenen Einheiten eines räumlichen Systems" (BÄHR 1997, S.278) mit Wohnsitzverlagerung umfasst die räumliche Mobilität auch Zirkulation, zum Beispiel Pendlerbewegungen oder freizeit-, urlaubs- oder versorgungsorientierte Bewegungen.

2.2.1.2 Ansätze zur Erklärung von Wanderungen

Bei Modellen zur Erklärung von Wanderungsvorgängen gibt es grundsätzlich zwei Herangehensweisen. Wird das Wanderungsverhalten von Individuen oder Haushalten untersucht, handelt es sich um eine mikroanalytische Betrachtungsweise. Dabei basiert Migration auf individuellem Verhalten. Systemorientierte Ansätze bzw. makroanalytische Betrachtungsweisen funktionieren aufgrund aggregierter Daten, die Mobilitätsströme zwischen Regionen hauptsächlich durch regionale Unterschiede zu erklären versuchen (vgl. a.a.O., S.277). An den systemorientierten Modellen wird oft kritisiert, dass von aggregierten Daten auf individuelles Verhalten geschlossen wird, „obwohl dies die Gefahr so genannter ökologischer Fehlschlüsse in sich birgt" (NIEFERT 2003, S. 19). An den Mikroansätzen wird wiederum kritisiert, dass regionale Rahmenbedingungen wie Wohnungsmarkt- oder Arbeitsmarktsituation und ihr Einfluss auf das Migrationsverhalten nicht genug berücksichtigt werden (vgl. a.a.O.).

Eine Verbindung aus beiden Herangehensweisen ist daher ein wichtiges Anliegen der modernen Wanderungsforschung (vgl. MULDER 1993, S.27; OSKAMP 1997, S.26). Menschliche Handlungen, und somit auch Wanderungen, können „nur im Kontext des umgebenden sozialen Systems interpretiert werden" (WEICHART 1993, S.109). Kulturelle, soziale und materielle Einflüsse müssen im Rahmen eines handlungszentrierten Konzepts miteinbezogen werden. Außerdem verhält sich das Individuum nicht „als Automat (...), der auf äußere Anstöße gemäß eines vorgegebenen ‚Programms' reagiert" (a.a.O.). Handlungstheoretische Überlegungen gehen davon aus, dass der Mensch die Art seiner Handlung selbst bestimmt, wobei „sowohl sozial-kulturelle, subjektive wie auch physisch-materielle Komponenten bedeutsam sind" (WERLEN 2000, S.313). Aus jeder Handlung resultieren Folgen, wodurch Prozesse, zum Beispiel im Wohnungsmarkt, verstanden und erklärt werden können. Diese Prozesse wiederum beeinflussen die Handlungen (vgl. a.a.O., S.321).

2.2.1.3 Typisierungsversuche von Wanderungen

In der Literatur gibt es eine Vielzahl von Typisierungen von Wanderungen, die sich häufig überlagern. Im Folgenden werden verschiedene Herangehensweisen vorgestellt.

Das wichtigste Kriterium, um Wanderungen zu klassifizieren, ist die **Distanz**. Meist wird zwischen Außenwanderung oder internationaler Wanderung und Binnenwanderung als Wanderung innerhalb einer Raumeinheit unterschieden. Je nach Wahl der räumlichen Bezugseinheit (Land, Region, Bezirk, Stadt) bedeutet Binnenwanderung interregionale, intraregionale oder innerstädtische Wanderung (vgl. BÄHR 1997, S. 279). Der älteste Typisierungsversuch geht auf RAVENSTEIN zurück. Er unterscheidet zwischen dem lokalen Wanderer, der innerhalb einer Gemeinde oder einem Bezirk umzieht, dem Nahwanderer, der seinen Wohnsitz in eine benachbarte Gemeinde (Bezirk) verlagert und dem Fernwanderer, der über die anliegenden Gemeinden (Bezirke) hinaus umzieht. Als weitere Wanderungstypen führt RAVENSTEIN den temporären Wanderer und die Wanderung in Etappen ein (vgl. RAVENSTEIN 1885, zit. nach BÄHR 1997, 285f). Aufbauend auf diese Typisierung entwickelt er aus empirischen Beobachtungen Wanderungsgesetze. Sie bilden den Ausgangspunkt für die Entwicklung weiterer Theorien. Speziell die Gravitations- und Distanzansätze bauen auf die Beobachtungen RAVENSTEINs auf.

Eine weitere Typisierung von Wanderungen erfolgt nach dem **Umzugsmotiv**. Generell kann zwischen erzwungenen und frei bestimmten Migrationen unterschieden werden, wobei die Übergänge fließend sind. Als erzwungene Umzüge (forced moves) werden Umzüge bezeichnet, die wegen Abriss des Hauses, Kündigung durch den Vermieter oder Umwandlung in Eigentum erfolgen (vgl. CLARK 1983, S.49). BROWN differenziert bei den frei bestimmten Wanderungsgründen grundsätzlich zwischen berufsorientierten (job-related motives), familienorientierten (family-related motives) und wohnungsorientierten Motiven (housing values) (vgl. BROWN 1983, S.1531).

Wanderungsvorgänge können auch danach untersucht werden, ob mit einem Umzug eine vollständige oder teilweise **Veränderung des Aktionsraums** verbunden ist. Vor allem in stark verstädterten Räumen bietet sich diese Untersuchung an. Dabei umfasst der Aktionsraum die Orte, die der Mensch aufsucht, um seine Grundfunktionen auszuüben (vgl. HEINEBERG 2001, S.125). Als Grunddaseinsfunktionen gelten ‚in Gemeinschaft leben', ‚Wohnen', ‚Arbeiten', ‚sich Bilden' und ‚sich Erholen' (vgl. LESER 1997, S.290).

Zwei Wanderungstypen lassen sich deutlich unterscheiden, also einer vollständigen Veränderung des Aktionsraums, und

Wanderungen, mit teilweiser Ortsveränderung, der Aktionsraum verändert sich nur partiell (vgl. BÄHR 1997, S.289).

Zwischen Umzugsdistanz und -motiv besteht ein enger Zusammenhang. BÖLTKEN stellt für Deutschland fest, dass die Umzüge über kleine Distanz vor allem aus wohnungs- und familienbezogenen Gründen erfolgen, die Umzüge über große Distanz basieren hauptsächlich auf beruflichen Veränderungen (vgl. BÖLTKEN 1995, S.44f). Dieser Zusammenhang lässt sich mit Hilfe des Aktionsraumschemas erklären: Bei Umzügen aus wohnungs- und familienbezogenen Gründen ist eine Veränderung des Aktionsraums nicht notwendig und oft auch nicht gewollt. Berufliche Veränderungen führen nur dann zu einem Umzug, wenn der neue Arbeitsplatz zu weit entfernt ist, um ihn vom alten Wohnort aus zu erreichen. Daher ist eine Veränderung des Aktionsraums erforderlich (vgl. MULDER 1993, S.25).

Darüber hinaus gibt es auch eine Verbindung zwischen Umzugsmotiv und Alter. Eine grobe Einteilung von Altersklassen, denen vorherrschende Wanderungsmotive zugeordnet werden, kann folgendermaßen vorgenommen werden:

Bei jungen Wanderern in der Altersgruppe bis 20 Jahren ist das vorherrschende Umzugsmotiv bildungsbezogen. Die daran anschließende Gruppe bis 34 Jahre wandert überwiegend aufgrund des Arbeitsplatzes. Die Wanderungsströme dieser beiden Altersgruppen richten sich von peripheren Räumen mit einem eingeschränkten oder schlechten Bildungs- und Arbeitsplatzangebot auf Agglomerationsräume. Bei den 34 bis 49-jährigen Wanderern ist das Umzugsmotiv überwiegend im Bereich Wohnung oder Wohnumfeld zu finden. Diese Gründe sind vor allem bei innerstädtischen Umzügen vertreten. Über 49-jährige sind meist Ruhesitzwanderer. Besondere Anziehungskraft haben für diese Gruppe landschaftlich attraktive Räume, Erholungs- und Freizeitmöglichkeiten und gute Erreichbarkeit (vgl. BÄHR 1997, S.349; KULS 2002, S.238).

2.2.1.4 Differentielle Migration

Die vorangegangenen Abschnitte zeigen, dass verschiedene Wanderungsgruppen sich in ihrer demographischen und sozialen Zusammensetzung unterscheiden. Bei der Untersuchung von Migrationsvorgängen gilt der Zusammensetzung der Wanderungsgruppe besondere Aufmerksamkeit, denn „es gehört zu den gesicherten und vielfach belegten Ergebnissen der Wanderungsforschung, dass bestimmte Bevölkerungsgruppen mobiler sind und daher durch jede Migration sowohl die Bevölkerungszusammensetzung im Herkunftsgebiet als auch diejenige im Zielgebiet beeinflussen wird" (BÄHR 1997, S. 284). Unterschiede

2 Theoretische Ansätze und aktuelle Forschungen

in der Zusammensetzung von Wanderungsströmen werden als differenzielle Mobilität oder differenzielle Migration beschrieben. Es gibt grundsätzlich zwei Herangehensweisen, die differenzielle Migration zu untersuchen: zum einen der Vergleich zwischen den Wanderern und den Zurückgebliebenen im Herkunftsland, zum anderen der Vergleich zwischen Wanderern und der bereits ansässigen Bevölkerung im Zielgebiet. Mögliche Unterscheidungsmerkmale sind Alter und Geschlecht, Stellung im Lebenszyklus, Beruf, Einkommen und Bildungsstand (vgl. a.a.O. ,S.285).

Eine selektive Abwanderung kann für die Region negative Auswirkungen haben. Oft verlieren Abwanderungsgebiete einen mehr oder weniger großen Teil einer bestimmten Altersgruppe, meist handelt es sich um die jüngeren Erwachsenen. Durch Wanderung verändert sich die Altersstruktur und die natürliche Bevölkerungsbewegung im Herkunfts- und Zielgebiet. Die Erwerbs- und Beschäftigungsstruktur und damit die wirtschaftliche Entwicklung einer Region kann sich durch Ab- oder Zuwanderung von Arbeitnehmern verändern. Durch selektive Zuwanderung können Infrastruktureinrichtungen überlastet sein oder aber nicht mehr haltbar im Abwanderungsgebiet. Im Zielgebiet können zudem Integrationsprobleme auftreten (vgl. FRANZ 1984, S.90).

2.2.1.5 Die Hypothese der Mobilitätstransformation

Eine weitere Möglichkeit, Wanderungen zu systematisieren, stellt die Hypothese der Mobilitätstransformation von ZELINSKY aus dem Jahr 1971 dar. In Anlehnung an das Modell des demographischen Übergangs werden Wanderungen vor dem Hintergrund des sozioökonomischen Entwicklungsstandes einer Region gegliedert. Dabei werden fünf Phasen des Entwicklungsstandes unterschieden und Wanderungsarten in Beziehung dazu gesetzt Abbildung 2).

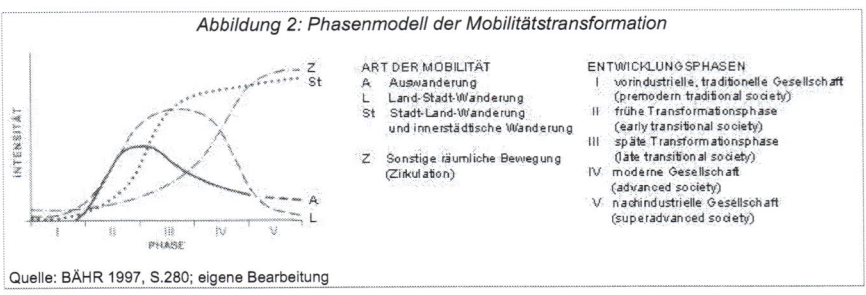

Abbildung 2: Phasenmodell der Mobilitätstransformation

Quelle: BÄHR 1997, S.280; eigene Bearbeitung

In der vorindustriellen Phase der Gesellschaft sind alle Formen der räumlichen Bewegung wenig ausgeprägt. Mit dem Beginn des Transformationsprozesses und mit der damit verbundenen Zunahme der Bevölkerung setzen Auswanderungen und Land-Stadt-Wanderungen ein, die in der späten Übergangsphase wieder zurückgehen. Dafür treten hier

Pendlerbewegungen und innerstädtische Wanderungen und Stadt-Stadt-Wanderungen erstmals auf.

In modernen Gesellschaften (Phase 4), in denen der Transformationsprozess abgeschlossen ist, ist die Mobilität sehr hoch und die Gesellschaft ist so mobil wie nie zuvor. Bestimmend sind aber jetzt nicht mehr Auswanderungen und Land-Stadt-Wanderungen. Dafür haben Wanderungen zwischen verschiedenen Städten und innerstädtische Umzüge an Bedeutung gewonnen. Außerdem werden zirkulierende Bewegungen, zum Beispiel Pendler- oder Urlaubsfahrten, immer wichtiger und dehnen sich in ihren Einzugsbereichen weiter aus.

In der nachindustriellen Gesellschaft reduzieren sich durch die Optimierung von Telekommunikationssystemen Wanderungen und Pendlerbewegungen (vgl. ZELINSKY 1971, zit. nach BÄHR 1997, S.280ff; KULS 2002, 205ff).

ZELINSKYs Hypothese ist sehr kompakt und komprimiert und kann viele Aspekte und Einflussgrößen von räumlicher Mobilität nicht berücksichtigen. Die Theorie liefert eine vereinfachte Beschreibung und Systematisierung der Wanderungsvorgänge, erklärt die Veränderungen allerdings nicht. Trotzdem können die „Überlegungen von ZELYNSKI als ein geeigneter Ordnungsrahmen (...) gewertet werden" (BÄHR 1997, S. 282).

Nach der Hypothese der Mobilitätstransformation kann für den aktuellen Entwicklungsstand in Deutschland der Fokus auf Stadt-Stadt-Wanderungen und innerstädtische Umzüge bzw. Umzüge innerhalb einer Großstadtregion gelegt werden. Heute findet in Deutschland sogar ein dominanter Anteil der Wanderungen innerhalb einer Stadt oder eines großstädtischen Ballungsgebiets statt (vgl. KULS 2002, S. 241).

Daher werden im Folgenden die Migrationsansätze auf zwischenstädtischer Ebene nur kurz angesprochen.

2.2.2 Überregionale Wanderungsvorgänge

Ein wichtiges Ziel bei der Erklärung überregionaler Wanderungsvorgänge ist, Wanderungsströme, die statistisch erfasst sind, zu erklären.

Distanz- und Gravitationsmodelle und Push-Pull-Modelle sind Erklärungsansätze für internationale und interregionale Wanderungen.

Die **Distanz- und Gravitationsmodelle** gehören zu den ältesten Ansätzen zur Erklärung von Migration. Die Entfernung zwischen Herkunfts- und Zielgebiet ist dabei das wichtigste Element bei der Erklärung von Wanderungen. Diese Modelle beziehen sich auf die Grundaussage, dass der Umfang der Wanderung zwischen Herkunfts- und Zielgebiet von der Einwohnerzahl abhängig ist und mit der Distanz abnimmt. Dabei umfasst der Begriff „Distanz" nicht nur die räumliche Entfernung, sondern als Verbesserung des Modells, auch soziale

Distanz und Informationsdistanz in Form von Zugangsmöglichkeiten zur Information sowie Barrieren durch Kosten, die durch die Wanderung entstehen (vgl. BÄHR 1997, S. 294f).

Eine Weiterentwicklung der Distanz- und Gravitationsmodelle stellen die **Push-Pull-Theorien** dar. Dabei wird die sozioökonomische Konstellation im Herkunfts- und Zielgebiet genauer untersucht und mit den Wanderungsströmen in Beziehung gesetzt. Über die Distanz hinaus werden verschiedene Situationen, die Wanderungen beeinflussen, berücksichtigt. Als abstoßende Kräfte des Herkunftsraums (Push-Faktoren) und anziehende Kräfte im Zielraum (Pull-Faktoren) werden die Einflussgrößen gegenübergestellt (vgl. a.a.O., S.296f).

Lange Zeit wurden vor allem wirtschaftliche Merkmale herangezogen, da mit Push-Pull-Theorien überregionale Wanderungen beschrieben werden sollen. Einkommensunterschiede und Angebot und Nachfrage von Arbeitsplätzen galten dafür als zentrale Größen. Wanderungen wurden als Prozesse zur Anpassung an den Wirtschaftsraum gesehen. Eine Verbesserung stellen Modelle dar, die ergänzend die klimatische Lage, soziale und technische Infrastruktur, das Kultur- und Bildungsangebot oder ethnische Struktur im Ab- und Zuwanderungsgebiet berücksichtigen (vgl. a.a.O., S.298).

Ziel der Wanderungsforschung in den Makromodellen ist, zu erklären, von welchen gebiets- oder bevölkerungsbezogenen Faktoren die statistisch erfassten Wanderungsströme abhängen. Dabei wird nicht bestritten, dass Wanderungen individuelle Entscheidungen zugrunde liegen. Aber es wird davon ausgegangen, dass sie sehr stark von wirtschaftlichen Faktoren in der Region abhängen und daher die Entscheidungen gleich ausfallen werden (vgl. FRANZ 1984, S.67f). Mit steigendem Wohlstand und steigender Mobilität verlieren wirtschaftliche Zwänge an Gewicht als Auslöser für Wanderungen. Damit differenzieren sich auch die Einflussfaktoren auf Wanderungsprozesse aus (vgl. BÄHR 1997,S. 299).

Nach BÄHR kann es aber nicht Ziel der Wanderungsforschung sein, durch das Einbeziehen einer möglichst großen Zahl von Variablen eine möglichst gute Anpassung an statistisch erfassbare Daten zu erzielen. Diesen Modellen „kommt vielmehr erst dann eine größere theoretische Bedeutung zu, wenn nicht ausschließlich auf die Gesamtbevölkerung Bezug genommen wird, sondern man die Wanderungsbewegungen einzelner, nach demographischen oder sozioökonomischen Merkmalen ausgegliederter Teilgruppen analysiert, von denen angenommen werden kann, dass ihr Verhalten eine annähernd homogene Struktur aufweist." (BÄHR 1997, S.299). Diese Vorgehensweise stellt eine Erweiterung der Makrotheorien nach dem handlungszentrierten Konzept dar.

Von den überregionalen Wanderungen richtet sich nun der Blick auf die gesamtstädtische Maßstabsebene. Im Folgenden werden Modelle vorgestellt, denen eine gesamtstädtische Betrachtungsweise zu Grunde liegt.

2.2.3 Modelle der Stadtstruktur und Stadtentwicklung

Modelle der Stadtstruktur und Stadtentwicklung befassen sich mit räumlichen Verteilungsmustern von Nutzungen und Bewohnern, ihren Veränderungen und ihren Auswirkungen auf die Stadt. Bodennutzungsmodelle beschäftigen sich damit, wie sich Nutzungen in der Stadt verteilen. Verteilungsmuster ergeben sich im Laufe von Prozessen und ändern sich auch in Zukunft. Verschiedene Phasen der Entwicklung in Agglomerationsräumen in Industrieländern beschreibt GAEBE. Im Modell typischer Wanderungsvorgänge im Großstadtbereich von KULS liegt der Schwerpunkt auf innerstädtische Umzüge und ihre Bedeutung für die Stadtentwicklung. Im Anschluss wird näher auf den Prozess der Gentrification eingegangen.

2.2.3.1 Bodennutzungsmodelle

Warum sich verschiedene Nutzungen wie Einzelhandel, Büronutzung, Wohnnutzung und Industrie in der Stadt räumlich differenzieren, erklären die Bodennutzungs- oder Bodenrentenmodelle für Länder mit freiem Bodenmarkt. Die lageabhängige Standortrente und die Konkurrenz der einzelnen Nutzungen um einen Standort wirken auf die Verteilung in der Stadt ein. Die Differenzierung der Nutzungen vom Stadtkern zum Stadtrand entsteht durch die unterschiedliche Zahlungsfähigkeit und Zahlungsbereitschaft der Nachfrager für einen Standort. Zentral gelegene Orte sind begrenzt und in Verbindung mit einer hohen Nachfrage steigen die Bodenpreise bzw. Bodenrenten an. Jeder Standort wird im Modell von dem Nachfrager eingenommen, der am meisten bezahlen kann, weil er abhängig von den Verkehrskosten den höchsten Nutzen, also die höchste Standortrente erzielt (vgl. GAEBE 2004, S.101). Dadurch werden Nutzungen wie die Wohnnutzung, deren Nachfrager weniger bieten, aus dem Zentrum verdrängt. Im vereinfachten Modell ordnen sich die Nutzungen ringförmig um das Stadtzentrum an (vgl. HEINEBERG 2001, S.109f).

In der Realität fallen die Bodenpreise nicht linear vom Zentrum zur Peripherie ab. Im Bereich von Subzentren steigen die Bodenpreise an, auch Haltestellen des öffentlichen Nahverkehrs oder wichtige Straßenverkehrsachsen beeinflussen den Bodenpreis (vgl. a.a.O., S.110f). Unterschiedliche Mieten in gleicher Lage oder Villengebiete am Stadtrand sind Erscheinungen, welche die Bodennutzungsmodelle nicht erklären können. Außerdem bilden staatliche Regulierungen und kommunale Planung einen Rahmen für die Flächennutzung, der nicht generell über den Bodenpreis bestimmt wird (vgl. GAEBE 2004, S.100,102). Darüber hinaus wirken weitere Faktoren darauf ein, wie sich die Flächennutzung in einer Stadt auffächert (Tabelle 2).

2 Theoretische Ansätze und aktuelle Forschungen

Tabelle 2: Einflussfaktoren auf die Flächennutzung in städtischen Räumen

Angebot an Boden	Lage (Topographie, vorherrschende Windrichtung, benachbarte Nutzungen, Umweltqualität), Nutzungsfestlegung, Infrastruktur, Nachfrage nach Boden
Nachfrage nach Boden	Bevölkerungs- und Wirtschaftsentwicklung Bewertung von Bodeneigentum (Sicherheit, Altersvorsorge, Kapitalanlage), Unvereinbarkeiten, Präferenzen, Verkehrskosten, Angebot an Boden
Regelungssysteme	Boden- und Steuerrecht, Eigentums-, Verfügungs-, Nutzungsrechte
Unvollkommenheiten der Allokationsprozesse	Bewusst oder unbewusst unökonomisches Verhalten, weil Anbieter oder Nachfrager nicht alle Marktchancen nutzen oder nutzen wollen

Quelle: GAEBE 2004, S.102

Wo sich Wohnnutzung in der Stadt befindet, hängt neben dem Bodenpreis auch noch von vielen weiteren Faktoren ab, so dass sich Wohnungen nicht nur am Stadtrand befinden, sondern auch innerstädtisches Wohnen möglich ist.

Sozioökonomische Bevölkerungsverteilungen und Segregation oder Gentrificationprozesse werden durch Erklärungen der Nutzungsverteilung in der Stadt nicht erklärt.

2.2.3.2 Bevölkerungsverteilung in der Großstadtregion

Im Gegensatz zu den Bodennutzungsmodellen beschreibt das Phasenmodell nach GAEBE Veränderungen der Bevölkerungs- und Beschäftigtenentwicklung in Agglomerationsräumen in einem vereinfachten Modell. Dabei werden vier Phasen der Veränderung in Agglomerationsräumen unterschieden (Abbildung 3). Im Folgenden wird vor allem auf die Bevölkerungsumverteilung in der Suburbanisierungsphase eingegangen.

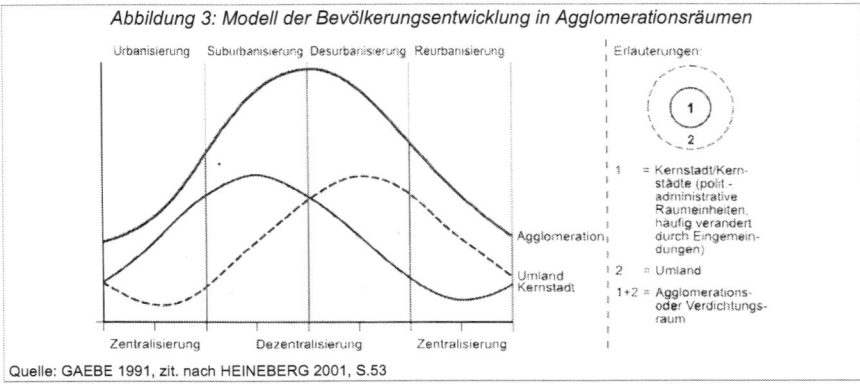

Abbildung 3: Modell der Bevölkerungsentwicklung in Agglomerationsräumen

Quelle: GAEBE 1991, zit. nach HEINEBERG 2001, S.53

Typisch für die **Urbanisierungsphase** ist ein Bevölkerungs- und Beschäftigungszuwachs in der Kernstadt (vgl. GAEBE 1987, S.20). Bevölkerung und Arbeitsplätze konzentrieren sich auf die Kernstadt. In Europa setzte diese Phase im 19. Jahrhundert ein und war mit wirtschaftlichem Wachstum verbunden (vgl. HEINEBERG 2001, S.52).

Die zweite Phase wird als **Suburbanisierung** bezeichnet und ist gekennzeichnet durch eine Dekonzentration von Bevölkerung, Produktion, Handel und Dienstleistungen sowie Infrastruktur innerhalb einer Großstadtregion (vgl. a.a.O., S.40). Bezogen auf die Bevölkerung bedeutet Suburbanisierung eine „relativ stärkere Bevölkerungszunahme im Umland" (GAEBE 1987, S.20) als in der Kernstadt, großteils verursacht durch Wanderungen vom Zentrum an den Stadtrand. Auch interregionale Wanderungen qualifizierter Arbeitnehmer sind nicht mehr nur auf die Kernstadt gerichtet, sondern auch in den suburbanen Raum. In den meisten Industrieländern setzte diese Phase in den 1970er Jahren ein (vgl. BÄHR 1997, S.358).

Die Suburbanisierung führt zu einer Umverteilung der Bevölkerung, die mit einer demographischen und sozioökonomischen Segregation verbunden ist. Zum einen nehmen die Anteile mittlerer Altersgruppen, Anteile der Kinder und Jugendliche und der Mehrpersonenhaushalte im Umland zu, während die Anteile der alten Menschen, der Ausländer, der Einpersonenhaushalte und der ethnischen Minderheiten in der Kernstadt wachsen. Man spricht dabei von demographischer Segregation. Außerdem erhöht sich der Anteil der Mittelschichthaushalte im Umland und der einkommensschwächeren Bevölkerung in der Kernstadt, was der Begriff der sozioökonomischen Segregation umfasst (vgl. GAEBE 1987, S.60ff). Als differenzielle Migration führt die Suburbanisierung zu Problemen in der Kernstadt und auch im Zuwanderungsgebiet (vgl. Kapitel 2.2.1.4). Außerdem entsteht durch die Suburbanisierung eine starke Verkehrsbelastung zwischen Randgebiet und Stadt.

In der dritten Phase, die **Desurbanisierung**, nimmt die Bevölkerung im gesamten Verdichtungsraum zu Gunsten des ländlichen Raums ab (vgl. a.a.O., S.20).

Die **Reurbanisierung** bezeichnet die vierte Phase und beschreibt eine erneute relative Zunahme der Bevölkerung in der Kernstadt (vgl. a.a.O.). Gründe für eine Zuwanderung sind für einzelne Bevölkerungsgruppen unterschiedlich. Erwerbstätige schätzen die Nähe zum Arbeitsplatz, junge Menschen suchen die Nähe zu Ausbildungs- und Bildungsstätten. Andere Haushalte wie „kinderlose, ältere und einkommensstarke Haushalte" (GAEBE 2004, S.143) überzeugt die gute Erreichbarkeit von Versorgungs- und kulturellen Einrichtungen und die Freizeitangebote. Manche wohlhabenden Ruheständler, die Wohnungen am Stadtrand haben, kehren zurück in die Kernstadt und suchen Wohnungen in ruhiger Lage (vgl. a.a.O.).

Dabei löst die Rückwanderung in die Kernstädte die Suburbanisierungsprozesse nicht ab. Es handelt sich eher um parallele Prozesse, was sich auch im folgenden Modell herausstellt.

2.2.3.3 Typische Wanderungsvorgänge im Großstadtbereich

Das Modell typischer Wanderungsvorgänge im Großstadtbereich beschreibt die Auswirkungen von innerstädtischen Umzügen und Zu- und Abwanderungen auf die Stadtentwicklung (Abbildung 4). Das Modell ist für monozentrische Stadtregionen in Deutschland gültig.

Teilgebiete in der Stadt werden abgegrenzt, die sich in Merkmalen wie Wanderungsquote, Zusammensetzung der Zu- und Abwanderer oder Wanderungsgrund unterscheiden. Diese Teilgebiete haben in der Regel eine kennzeichnende Lage zum Stadtzentrum und unterscheiden sich in der Zusammensetzung ihrer Bewohner und dem Alter und Zustand der Bausubstanz (vgl. KULS 2002, S.242). Diese Teilgebiete mit einheitlichem Wanderungsverhalten bilden keine geschlossenen Ringe, sondern sind eher „in Ringen angeordnete Zellen" (a.a.O., S.244). Das Modell zeigt Wanderungsströme, die auch das Phasenmodell von GAEBE beschreibt. Herkunfts- und Zielort werden aber genauer festgelegt, ebenso die Zusammensetzung der Wanderungsgruppen.

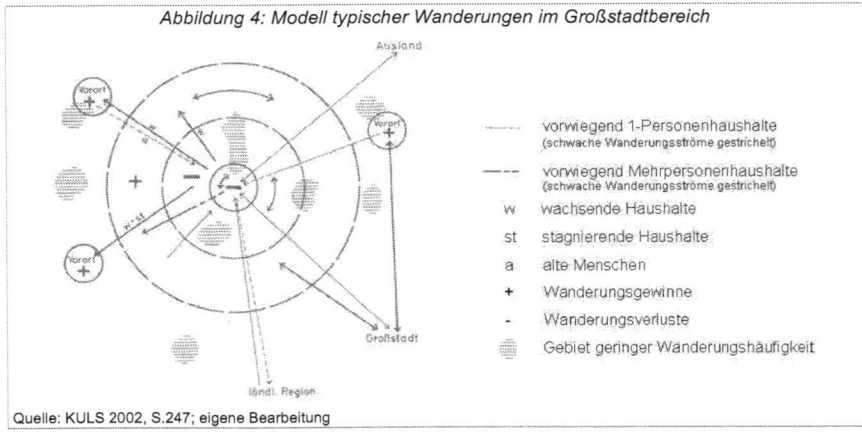

Abbildung 4: Modell typischer Wanderungen im Großstadtbereich

Quelle: KULS 2002, S.247; eigene Bearbeitung

Die Zuwanderungen von außerhalb der Stadtregion richten sich bei Einpersonenhaushalten überwiegend auf den Kernbereich der Stadt und bei wandernden Familien auf den Stadtrand, „wo für Neuankömmlinge in der Region der Wohnungsmarkt am ehesten ein entsprechendes Angebot zur Verfügung stellt" (KULS 2002, S.246). Diese interregionalen Wanderer sind in erster Linie jüngere Menschen und junge Familien. Umzüge wachsender Haushalte und Familien richten sich überwiegend vom inneren Stadtbereich auf den Stadtrand und auf die Vororte. Dabei spielt der Erwerb von Wohneigentum eine wichtige Rolle. Eine Wanderung von alten Menschen ist eher selten. Wenn alte Menschen ihren Wohnort verlagern, dann vom Stadtrand oder den Vororten in die Stadt. In vielen Teilgebieten der Stadt ist die Wanderungsmobilität gering (vgl. a.a.O).

Im Stadtzentrum und den angrenzenden Wohngebieten ist die Bevölkerung sehr jung. Der größte Anteil liegt bei den 20 bis 30-jährigen, ältere Leute und Kinder fehlen. Dies zeigt, dass die Bevölkerungszusammensetzung durch Wanderungsvorgänge bestimmt wird. Dabei ist die Nachfrage nach Wohnungen groß, sowohl nach luxuriösen Appartements als Prestigeobjekte als auch nach billigen Unterkünften für Menschen, die nur vorübergehend bleiben. Auch der Austausch mit anderen Großstädten und dem Ausland ist in der City groß. Einwohner, die schon länger im Innenstadtbereich wohnen sind ältere Personen, die am Ende des Berufslebens stehen, Rentner sowie Resthaushalte, die nicht mobil sind (vgl. a.a.O., S.243).

Innenstadtnahe, dichtbebaute Wohngebiete außerhalb der City weisen grundsätzlich niedrige bis mittlere Mobilitätsraten auf. Die Gebäude stammen oft aus der Zeit um 1900. Einige innenstadtnahe Wohngebiete sind jedoch durch Veränderungen in der Bevölkerungs- und Sozialstruktur gekennzeichnet (vgl. a.a.O., S. 244). Durch Sanierung und Modernisierung von Altbauten steigen Wohnungen im Wert und werden teurer. Auch durch Neubauten mit komfortablen Wohnungen werden Stadtquartiere baulich aufgewertet. Dadurch werden Fortzüge von Haushalten mit niedrigem Einkommen ausgelöst, die hier kaum noch bezahlbare Wohnungen finden (vgl. GAEBE 2002, S.154). Ein Prozess, der als Gentrification bezeichnet wird, setzt ein.

2.2.3.4 Gentrification

Mit dem Begriff Gentrification sind mehrere Prozesse verbunden. Zum einen wird eine statusniedrigere Bevölkerung durch eine statushöhere Bevölkerung verdrängt, zum anderen werden bei der Gentrification innenstadtnahe Wohn- und Gewerbegebiete durch Luxussanierung, Modernisierung und Neubau baulich aufgewertet. Außerdem wird das Wohnumfeld durch Umgestaltung und Verringerung der Umweltbelastung verbessert (vgl. a.a.O., S.155).

Eine Beschreibung des Gentrificationprozesses bietet das Modell des doppelten Invasions-Sukzessions-Zyklus (vgl. DANGSCHAT 1988, S.280). Dabei werden zwei Bevölkerungsgruppen unterschieden (vgl. GAEBE 2004, S.156): In der ersten Phase ziehen junge Studenten oder Berufsanfänger, Künstler und Alternative zu, die als **Pioniere** bezeichnet werden. Sie verfügen über geringes Einkommen und suchen günstige Wohnungen in baulich vernachlässigten und durch die Suburbanisierung entmischten innerstädtischen Wohngebieten.

In der zweiten Phase ziehen einkommensstarke, hochqualifizierte, jüngere berufs- und karriereorientierte Personen mit einer Vorliebe für Urbanität zu. Sie werden als **Gentrifier** bezeichnet.

Gentrifier werden oft als Yuppies (young urban professionals) und DINKS (double income no kids) beschrieben. Allerdings tragen auch junge Familien bedeutend zur Aufwertung bei (vgl.

HELBRECHT 1996, S.4). Im doppelten Invasions-Sukzessions-Zyklus tauschen sich die Bewohnergruppen zweimal aus: Die früheren Bewohner werden durch die Pioniere verdrängt, die wiederum durch die Gentrifier ersetzt werden (vgl. DANGSCHAT 1988, S.280).

Die Zuzüge kommen überwiegend aus anderen Teilen der Kernstadt, weniger aus dem Umland. Durch die Zuzüge zahlungskräftiger Haushalte steigen Mieten und Preise, außerdem werden Mietwohnungen in Eigentumswohnungen umgewandelt (vgl. GAEBE 2004, S.159).

Forschungen zeigen allerdings, dass der zweite Austausch der Bevölkerung nicht unbedingt erfolgt und dass auch beide Gruppen gleichzeitig in einem Quartier wohnen können (vgl. DANGSCHAT 1988, S.280).

Der Einfluss kommunaler Planung oder Prozesse auf dem Arbeits- und Wohnungsmarkt gehen nicht in die Beschreibung des Gentrificationprozesses in Phasen ein. Es handelt sich vielmehr um „oberflächliche Beschreibungen von Gentrification, ohne die dahinter liegenden, komplexeren Wirkungsgefüge zu berücksichtigen" (HELBRECHT 1996, S.5).

Einen anderen Ansatz zur Erklärung von Gentrification bietet die Theorie der Grundrentendifferenz (rent gap). Die Aufwertung wird dabei durch die Erwartung einer Wertsteigerung der Grundstücke erklärt. Es wird Folgendes angenommen: Erreicht die Differenz zwischen der Grundrente durch die aktuelle Nutzung und der potentiellen Grundrente durch die optimale Nutzung eine gewisse Spanne, lohnt es sich, in eine Umnutzung oder Renovierung zu investieren. Wenn also bei einem verfallenen Wohngebiet die Lücke zwischen der aktuellen und der möglichen Grundrente groß genug ist, „kann Gentrification als Reinvestitionsprozess in den innerstädtischen Grundstücksmarkt entstehen" (HELBRECHT 1996, S.5). Die Situation in europäischen Städten mit großem Einfluss staatlicher Regelungen wird besser durch die abgewandelte Theorie der Wertdifferenz (value gap) erklärt. Die Wertdifferenz ergibt sich aus dem Unterschied zwischen dem Kaufpreis der selbstgenutzten Immobilie und den Mieteinnahmen (vgl. GAEBE 2004, S.160). Eine hohe Differenz führt dann zur Umwandlung verfallener Mietwohnungen in renovierte Eigentumswohnungen.

Untersuchungen zeigen, dass es sich bei Gentrification um mehrdimensionale Prozesse handelt, denen politische, wirtschaftliche, soziale und kulturelle Faktoren zugrunde liegen (vgl. a.a.O., S.161; HELBRECHT 1996, S.13).

Forschungen über Wanderungen innerhalb einer Stadtregion allgemein weisen darauf hin, „dass **die Suche** nach einer neuen Wohnung und einem neuen Wohnstandort, die den Bedürfnissen angepasst sind, im Vordergrund steht" (KULS 2002, S.245, Hervorh. nicht im Original). Ein großer Teil der Umzüge innerhalb einer Großstadt ist dadurch gekennzeichnet, dass die Entfernung zwischen alter und neuer Wohnung gering ist und dass in der Regel ein bestimmter Sektor des Stadtgebiets bevorzugt wird (vgl. a.a.O., S.246). Das nächste Kapitel setzt an diesem Punkt an.

2.2.4 Stadtteilebene

Erklärungsansätze für innerstädtische und innerregionale Umzüge zählen zu den mikroanalytischen Ansätzen. Dabei basieren sie darauf, dass Wanderungen meist das Ergebnis eines Entscheidungsprozesses von Einzelpersonen bzw. Haushalten sind. Zu ihrer Erklärung müssen die wesentlichen, für die Entscheidung relevanten Faktoren gefunden werden (vgl. FRANZ 1984, S.67).

2.2.4.1 Allgemeines Entscheidungsmodell bei Wanderungen

Dem entscheidungs- oder verhaltenstheoretischen Ansatz liegt die Annahme zu Grunde, dass jeder Mensch jedem Punkt im Raum einen gewissen Nutzen (place utility) als Wohnstandort zurechnet. Dieser Nutzen des Wohnstandorts ergibt sich aus der Attraktivität eines Ortes im Vergleich zu anderen Wohnmöglichkeiten, die von dem Einzelnen wahrgenommen wird und seinem Anspruch entsprechend bewertet wird. Migrationen werden aber nicht ständig in Betracht gezogen, sondern nur dann, wenn die Bewertung eines alternativen Wohnstandorts eine bestimmte Nutzenschwelle (threshold of utility) überschreitet. Das Anspruchsniveau und die Nutzenschwellen werden durch lebenszyklische Ereignisse beeinflusst, die vor allem je nach Altersgruppe unterschiedlich sind (vgl. a.a.O., S.70).

In Anlehnung an verschiedene Modelle und Autoren geht BÄHR von folgendem verallgemeinerten Entscheidungsmodell aus (vgl. BÄHR 1997, S. 300ff):

Das Such-, Wahrnehmungs-, und Bewertungsverhalten des Einzelnen steht im Vordergrund. Wie die Entscheidung ausfällt, hängt nicht nur vom Anspruchsniveau ab, sondern auch von der Information zur möglichen Erfüllung der Ansprüche und ihrer Verarbeitung. Migration ist eine Reaktion auf Unzufriedenheit der Person oder des Haushalts mit der Situation im gegenwärtigen Aktionsraum. Diese Unzufriedenheit kann verschiedene Ursachen haben: Faktoren (Stressoren) die mit der Wohnung und dem Wohnumfeld zu tun haben und Faktoren (Stressoren) die mit Arbeit, Ausbildung und Freizeit zusammenhängen. Wenn die Unzufriedenheit ein bestimmtes Maß übersteigt, können diese Faktoren die „place utility", den Nutzen, der Wohnung negativ beeinflussen.

Die Suche nach einer neuen Wohnung ist darauf nur eine mögliche Reaktion. Die Unzufriedenheit kann auch durch Senken der Toleranzgrenze beseitigt werden oder durch eine Veränderung der Situation durch zum Beispiel Umbau der Wohnung oder Kauf eines PKWs. Außerdem kann die Entscheidung verschoben werden, bis eine passende Wohnung angeboten wird.

Fällt die Entscheidung, eine neue Wohnung zu suchen, beginnt die Suche zunächst innerhalb der vertrauten Umgebung, das heißt innerhalb des aktuellen Aktionsradius (Abbildung

5). Bei Stressoren der Wohnung und Wohnumgebung ist die Wahrscheinlichkeit groß, dass ein Umzug innerhalb der bisherigen Region ein gewisses Anspruchsniveau erfüllen kann. Es erfolgt ein innerregionaler Umzug. Kann die Verlagerung innerhalb der Region den angestrebten Grad der Befriedigung nicht erreichen, setzt die Suche in alternativen Zielgebieten ein. Dies tritt vor allem bei Stressoren im Bereich Arbeit, Ausbildung und Freizeit auf. Ein wichtiges Element bei der Entscheidung ist die Information über einen Wohnstandort, die Wohnstandortfaktoren und die Einschätzung und Bewertung der Information. Die Wahrnehmung und Bewertung der Standorteigenschaften ist immer subjektiv.

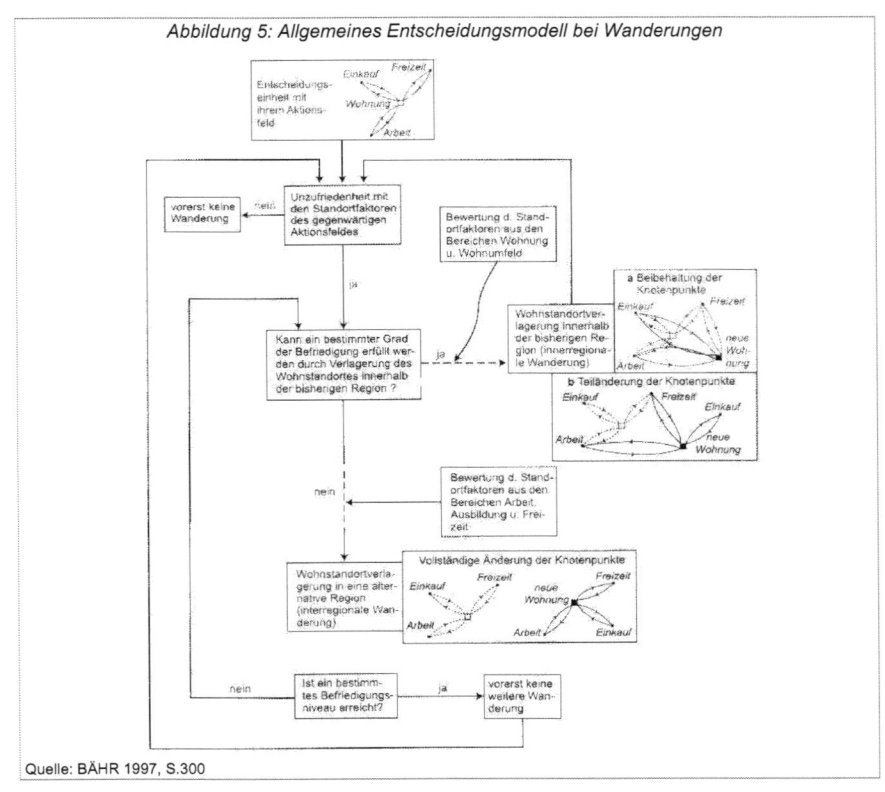

Abbildung 5: Allgemeines Entscheidungsmodell bei Wanderungen

Quelle: BÄHR 1997, S.300

Für eine innerregionale Suche können eigene Kenntnisse des Raums für die relative Standortbewertung herangezogen werden. Die Suche außerhalb des Aktionsraums ist schwieriger, da sie sich überwiegend auf Informationen aus zweiter Hand stützen muss. Interregionale Wanderungen führen häufig nicht direkt zur Erfüllung des Anspruchs an eine Wohnung, da das Risiko, falsch informiert zu sein, größer ist. Nach einer kurzen Zeit kann sich daher ein innerregionaler Umzug anschließen.

Während bei Makroanalysen kritisiert wird, dass individuelle Beweggründe nicht mit einbezogen werden, gilt bei den Entscheidungsmodellen die Kritik der Tatsache, dass eine weitgehende Wahlfreiheit angenommen wird (vgl. a.a.O., S.303). Außer den Wohnpräferenzen, nach denen ein Haushalt einen Wohnstandort auswählt, spielen auch finanzielle Ressourcen eine entscheidende Rolle. Zu strukturellen Faktoren, die ebenfalls die Wohnstandortentscheidung beeinflussen, zählen das Wohnungsangebot, besonders das Angebot an preiswerten Wohnungen, und Zugangsbarrieren in Wohngebieten, welche die Wahlmöglichkeiten verringern (vgl. GAEBE 2002, S.128).

2.2.4.2 Entscheidungen im Konzept der Lebensphasen

Das Lebenszykluskonzept geht davon aus, dass sich mit einer Veränderung der Haushaltsgröße die Anforderungen an Wohnung und Wohnumfeld ändern. Mit einem Wohnortwechsel kann sich ein Haushalt an den veränderten Bedarf anpassen (vgl. HERLYN 1990, S.17ff).

HÄUSSERMANN schreibt über das lange Zeit vorherrschende Muster der Wohnstandortentscheidungen städtischer Bevölkerung und seine Auswirkungen: „Das erstrebenswerte Modell einer gelungenen Biographie sah so aus: Beruflicher Einstieg nach der Zuwanderung oder nach abgeschlossener Berufsausbildung, Familiengründung und dann Umzug ins Grüne – je nach Einkommensklasse entweder in ein Neubaugebiet mit Mietwohnungen oder ins Eigenheim. Die Innenstadtgebiete waren Übergangsgebiete mit instabiler Bevölkerung, die sich zunehmend segregierte, da die Randwanderung selbst sozial selektiv war: Auswanderer waren Aufsteiger, gut verdienende, junge Familien mit Kindern – zurück blieben die A-Gruppen: die Armen, die Alten, die Ausländer, die Auszubildenden und Alleinstehenden" (HÄUSSERMANN 1988, S.80).

Tabelle 3: Ansprüche an Wohnung und Wohnumgebung nach Lebenszyklusphasen

Phase im Lebenszyklus	Erreichbarkeit städtischer Infrastruktur	Wohnumgebung	Standortpräferenzen	Eigentum
Heirat, keine Kinder	wichtig	unwichtig	zentrumsnah	nein
Expansion, Geburt von Kindern	weniger wichtig	zunehmende Bedeutung	mittlere Entfernung zum Zentrum bis Stadtrand	nein
Konsolidierung, Stagnation	unwichtig	sehr wichtig	Haus im Stadtrand oder im suburbanen Raum	ja
Schrumpfung, Auszug der Kinder	unwichtig	abnehmende Bedeutung	eventuell zentraler gelegenes Wohngebiet	ja
Lebensabend	unwichtig	unwichtig	Nähe zu den erwachsenen Kindern oder Altersheim	Aufgabe des Hauses

Quelle: BRUNOTTE 2002b, zit. nach FREIE UNIVERSITÄT BERLIN o.J., S.5; eigene Bearbeitung

Ereignisse im Familienzyklus (Heirat, Geburt und Auszug der Kinder, Rentenalter und Tod des Ehepartners) lösen eine Wanderungsentscheidung aus, um speziellen Anforderungen der jeweiligen Familienphase an Wohnung und Wohnumfeld gerecht zu werden (vgl. HERLYN 1990, S.17,22). Das Lebenszykluskonzept unterstellt, dass mit der Vergrößerung des Haushalts durch Kinder der Wohnstandort schrittweise an den Stadtrand verlagert wird (Tabelle 3).

Empirische Untersuchungen zeigen, dass auch beim Lebenszykluskonzept eine ganzheitliche Betrachtungsweise erfolgen muss. Nicht alle Familien ziehen freiwillig ins Umland. In der Untersuchung „Wohnen in der Innenstadt – eine Wiederentdeckung?" des Deutschen Instituts für Urbanistik (DIFU) stellt sich heraus, dass junge Familien gerne in ihrem innerstädtischen Quartier bleiben würden, sie suchen nur eine größere Wohnung. In der bisherigen Wohnumgebung gibt es aber keine entsprechenden Wohnungen und wenn, dann meist nicht zu bezahlbaren Preisen (vgl. DIFU 2005, o.S). Auch die Motivuntersuchung für Umzüge ins Münchener Umland ergibt, dass knapp 60% aller Haushalte, die ins Umland ziehen, in München geblieben wären, wenn sie eine passende Wohnung gefunden hätten (vgl. LHM 2002c, S.19).

Äußere Zwänge wie hohe Mieten und Preise in Innenstädten, zwingen Familien dazu, wegzuziehen. Neben den finanziellen Mitteln spielt auch die Bereitschaft zum Wohnungswechsel eine Rolle. Vor allem bei jüngeren und älteren Menschen stimmen häufig Wohnung und Wohnbedarf nicht überein. Jüngeren Personen fehlen oft die Mittel zu einem Wohnortwechsel und älteren Menschen die Bereitschaft, weil sie sich eine große Wohnung leisten können. Vor allem Haushalte, die in Eigentumswohnungen, im Eigenheim oder im selbstgebauten Haus wohnen, bleiben auch in der Schrumpfungsphase an ihrem Wohnstandort (vgl. GAEBE, 2004, S.126).

HERLYN schreibt den einzelnen Lebensphasen unterschiedliche ökonomische Lagen zu. Während es bis zur Konsolidierungsphase in den Haushalten oft zu starken finanziellen Belastungen der Familie kommt und Wohnansprüche nur schwer umgesetzt werden können, ist der finanzielle Spielraum nach dem Auszug der Kinder und mit höherem Alter größer als vorher (vgl. HERLYN 1990, S.193ff). Auch KEMPER stellt fest: „mit dem (...) demographischen Lebenszyklus ist ein sozio-ökonomischer Lebenszyklus verbunden" (KEMPER 1985, S.188).

Außerdem ist Familienbildung heute in Deutschland nicht mehr selbstverständlich und Familienphasen folgen nicht mehr zwingend aufeinander. Vor allem in den Großstädten und hier überwiegend in den Innenstädten geht der Anteil der klassischen Familie zugunsten von neuen Haushaltstypen zurück (vgl. HERLYN 1990, S.17). Außerdem vertreten heute Personen der gleichen Einkommens- und Bildungsgruppe unterschiedliche Werte und Lebensziele (vgl. BÖLTKEN 1999, S.146f).

2.2.4.3 Ausdifferenzierung von Haushaltstypen und Lebensphasen

Als neue Haushaltstypen werden die Alleinstehenden (Singles), die unverheiratet zusammenlebenden Paare, die Alleinerziehenden und die Wohngemeinschaften bezeichnet. Die Anzahl der neuen Haushaltsformen ist steigend. HÄUSSERMANN bezeichnet sie als „Phänomen des Wohlstands" (HÄUSSERMANN 1995, S.20). Er nennt vier Gründe für die Ausdifferenzierung der Haushaltsformen als Anzeichen eines „gesellschaftlichen und ökonomischen Wandels" (a.a.O.,S.15): Zu Sexualität und zur Rolle der Frau haben sich gelockert. Der Wandel von Normen und Werten in diesen Bereichen zeigt sich auch in Gesetzen, Beispiele sind Regelungen im Scheidungsrecht, die dem finanziell abhängigen Partner ein selbständiges Leben erleichtern (vgl. a.a.O.).

Der gestiegene Wohlstand und der Ausbau sozialstaatlicher Absicherungen vereinfachen unabhängiges Wohnen. Seit Ende der 1960er Jahre haben Jugendliche Anspruch auf finanzielle Unterstützung durch die Eltern oder auf staatliche Unterstützung, und können es sich so leisten, noch vor dem Abschluss der Ausbildung aus dem Elternhaus fortzuziehen. Auch Wohngeld, Sozialhilfe und Renten ermöglichen Alleinerziehenden, Getrenntlebenden und alten Menschen ein weitgehend unabhängiges Leben in einer eigenen Wohnung (vgl. a.a.O., S.15f).

Zusätzlich hat es sich mit längeren Ausbildungszeiten bei Jugendlichen eingebürgert, bereits vor Beginn der beruflichen Karriere und der Familiengründung, von Zuhause auszuziehen. „Diese Phase ist auch eine Zeit des Experimentierens mit anderen Wohn- und Lebensformen vor, neben und anstelle des Familienhaushalts" (a.a.O., S.16).

Den vierten und wichtigsten Grund bildet die Situation der Frauen in der Gesellschaft. „Die alleinlebende Frau (...) lebt selbstbewusst eine gewünschte und autonome Alternative zur traditionellen Frauenrolle innerhalb der Familie" (a.a.O.).

Mit diesem gesellschaftlichen und ökonomischen Wandel werden stabile Wohnbiographien immer seltener. Mit der Ausdifferenzierung von Wohnformen entwickeln sich Alternativen zu den gewohnten Haushaltstypen. Eine idealtypische Wohnbiographie könnte heute so aussehen:

"Während der Ausbildung wohnt man in der Wohngemeinschaft, nach heftigen Konflikten dann für eine Weile allein oder mit einem Partner; der berufliche Einstieg wird verknüpft mit der Heirat, deren Grund das erwartete Kind ist. Vielleicht wirken die praktischen Erfahrungen der Wohngemeinschaft noch nach, und man tut sich mit anderen Eltern zusammen zum Wohnkollektiv. Nach der fast unvermeidlichen Scheidung, wenn die Kinder der Grundschule entwachsen sind, muss dies alles in einer Wohnung verarbeitet werden (...) bis man sich mit einer anderen Partnerin zusammentut und noch einmal ganz von vorne anfängt. Vielleicht gibt es noch einmal eine Hochzeit, aber dann doch mit zwei Wohnungen – und im Alter (...) besinnt man sich auf die Anfänge und tritt in die ‚Alten-WG' ein" (a.a.O., S.19).

Die Ausdifferenzierung der Haushaltstypen und Lebensphasen führt dazu, dass auch die wissenschaftlichen Konzepte weiterentwickelt werden. Im Folgenden werden Versuche verschiedener Autoren vorgestellt, das Konzept des Lebenszyklus den veränderten Bedingungen anzupassen oder in abgeänderter Form damit zu arbeiten.

KEMPER entwickelt ein verallgemeinertes Konzept des Lebenszyklus (vgl. KEMPER 1985, S.191). Wie die Lebensphasen aufeinander folgen und kombiniert werden, ist in diesem erweiterten Konzept sehr flexibel (Abbildung 6). Haushalte mit mehr als zwei Generationen werden dabei vernachlässigt, genauso wie Wohngemeinschaften.

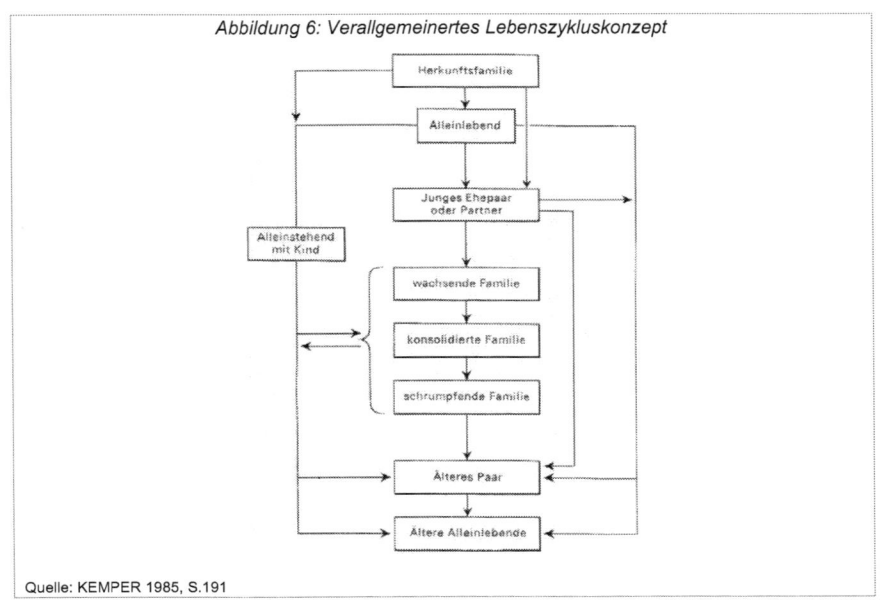

Abbildung 6: Verallgemeinertes Lebenszykluskonzept

Quelle: KEMPER 1985, S.191

HERLYN geht mit der Ausdifferenzierung der Lebensphasen so um, dass er die Familien und neuen Haushaltsformen getrennt betrachtet. Er unterscheidet grob drei Familienphasen, die unterschiedliche Ansprüche an die städtische Umwelt stellen: Die Familie in der Expansionsphase beginnt mit der Heirat und endet, wenn alle Kinder geboren sind. Die Konsolidierungsphase der Familie reicht bis zum Auszug des ersten Kindes. Die Schrumpfungsphase der Familie beginnt, wenn das erste Kind das Elternhaus verlässt. Die neuen Haushaltstypen betrachtet er gleichgestellt und getrennt von dem Lebenszykluskonzept (vgl. HERLYN 1990, S.23f).

ZERWECK klassifiziert die Haushaltstypen mit Hilfe von vier Merkmalen (vgl. ZERWECK 1998, S.31):

Anzahl der Haushaltsmitglieder

Alter der Haushaltsmitglieder

Anwesenheit und Alter von Kindern und

Familienstand bzw. Partnerbeziehung der erwachsenen Personen.

Mit dieser Auswahl der Merkmale wird versucht, sowohl die Haushaltstypen des Familienzykluskonzepts als auch die neuen Haushaltstypen zu berücksichtigen. Es ergeben sich dabei 23 verschiedene Kategorien (vgl. a.a.O., S.33). Die drei Autoren versuchen so auf verschiedenen Wegen, der breiten Streuung von Lebensformen und Haushaltstypen gerecht zu werden. Durch die Veränderung in der Gesellschaft entsteht eine Vielzahl von Kombinationsmöglichkeiten der zur Einteilung verwendeten Merkmale.

Anders als bei den Abänderungen des Lebenszykluskonzepts werden bei den folgenden beiden Ansätzen alternative Wege gewählt, um das Entscheidungsverhalten von Individuen oder Haushalten zu erklären.

2.2.4.4 Entscheidungen im Lebenslaufkonzept

Das Lebenslaufkonzept (life course concept) von MULDER stellt eine Weiterentwicklung des Lebenszykluskonzept dar. Anders als im Lebenszykluskonzept wird der Lebenslauf nicht als Reihe vorherbestimmter und definierter Stadien aufgefasst, sondern als individuelle Abfolge von Ereignissen aus unterschiedlichen Lebensbereichen. Er setzt sich aus verschiedenen „Karrieren" zusammen, die großenteils parallel verlaufen. MULDER unterscheidet zwischen den Karrieren Haushalt und Familie (household and family), Bildung (education), Beruf (occupation) und Wohnen (housing) (vgl. MULDER 1993, S.23). Abhängig von Bedürfnissen und Werten verfolgt eine Person Ziele und engagiert sich mehr oder weniger stark in der Karriere, in der das jeweilige Ziel erreicht werden kann. Dabei ist der Umzug ein Mittel, um Bedürfnisse zu verwirklichen. Je nachdem welcher Karriere das angestrebte Ziel zuzuordnen ist, sind unterschiedliche Migrationstypen zu erwarten. Werden Ziele der Haushalts- und Familienkarriere oder der Wohnkarriere (zum Beispiel die Vergrößerung der Wohnfläche) verfolgt, wird das Ziel durch einen Umzug über kurze Distanz erreicht. Wird ein Umzug durch die Berufs- oder Bildungskarriere initiiert, folgt eine Wanderung über größere Distanz, meist Stadt-Stadt- oder Land-Stadt-Wanderungen. Da die Karrieren parallel verlaufen wirken sie auch gegenseitig aufeinander ein (vgl. a.a.O., S.25). Erfolge in der Berufskarriere in Form von guten finanziellen Mitteln ermöglicht es dem Individuum zum Beispiel, in der Wohnkarriere andere, finanziell aufwändige Ziele wie Eigentumsbildung zu verfolgen. Neben den

Wechselwirkungen der Karrieren müssen auch bei diesem Konzept Strukturen wie Wohnungs- und Arbeitsmarkt miteinbezogen werden (vgl. a.a.O., S.27).

2.2.4.5 Entscheidungen und Lebensstile

Wie beim Lebenszykluskonzept wird beim Lebensstilkonzept versucht, Gruppen gleichen Verhaltens zu bilden. Das Konzept baut darauf auf, dass sich die Lebensbedingungen ausdifferenziert haben, unabhängig von Schicht und Klasse oder Stellung im Beruf. Daher lassen sich mit Schicht- und Klassenkonzepten Verhaltens- und Einstellungsunterschiede nicht mehr erklären (vgl. BÖLTKEN 1999, S.147).

Unter Lebensstilen versteht man „eine bestimmte Form der Organisation des Alltagslebens, bestimmte Neigungen und Gewohnheiten und vor allem ästhetische Standards und Codierungen. Der Begriff wird dabei nicht im Sinne von Zeitgeist oder Trend verwendet, sondern verbindet sozialstrukturelle mit lebensphasenspezifischen Faktoren" (MÜNCH 2005, o.S.). Die genannten Veränderungen in der Gesellschaft haben dazu geführt, dass jeder Einzelne für seine Lebensgestaltung größere Wahlmöglichkeiten hat. In einer „offenen, pluralistischen Gesellschaft" (a.a.O) können sich Lebensstile entwickeln und ausdifferenzieren. Nach GAEBE lassen sich für die Wahl des Wohnstandortes drei grundsätzliche Orientierungen unterscheiden: **familienzentrierte Menschen** sind meist auch wohnungszentriert, ihre Wohnstandortentscheidungen werden stark vom Bedarf der Familie bestimmt; soziale Beziehungen spielen bei der Wohnstandortwahl eine wichtige Rolle, ebenso die Nähe zum Arbeitsplatz, zu Personen, die bei der Kinderbetreuung helfen und zu Freunden

karriereorientierte Menschen sind tendenziell hochmobil und statusbewusst, ihre Suche ist auf Wohngebiete gerichtet, die Einkommen, Beruf oder Lebensstil entsprechen

konsumorientierte Menschen bewerten dagegen urbanes Leben hoch, ihre Wohnstandortentscheidungen werden z.B. durch den Wunsch bestimmt, nahe Versorgungs- und kulturellen Einrichtungen zu wohnen" (GAEBE 2004, S.127, Hervorh. nicht im Original).

In verschiedenen Forschungen werden lebensstilabhängige Wohnvorlieben untersucht. In der Studie „Lebensstile, Wohnbedürfnisse und räumliche Mobilität" von SCHNEIDER und SPELLENBERG werden Wohnformen und Differenzen zwischen Wohnsituation und Wohnbedürfnissen betrachtet und nach Lebensstilen unterschieden. Es werden neun Lebensstilgruppen gebildet (vgl. SCHNEIDER 1999, S.13f).

Im Bezug auf Wohnstandorte kommt die Studie zu dem Ergebnis, dass bestimmte Stadtgebiete entsprechende Lebensstilgruppen anziehen. Der Arbeits- und Erlebnisorientierte, vielseitig Aktive stellt sich als Großstadtmensch heraus (vgl. a.a.O., S.192). Diese Gruppe der jungen, gutqualifizierten sowie einkommensstarken Personen bevorzugt Wohnlagen in der City und in lebendigen Innenstadtlagen. Ein Großteil der Gruppe ist ledig, selten wohnen Kinder im Haushalt (vgl. BÖLTKEN 1999, S.148ff). Wichtig im Leben ist „Abwechslung, Führungspositionen einnehmen, politisches Engagement und gutes Aussehen" (a.a.O., S.148).

Auch in Markt- und Politikforschung wird das Thema Lebensstile und Wohnen untersucht. Im Gegensatz zur sozialwissenschaftlichen Forschung sollen hier Zielgruppen ausgemacht werden und die Marktinteressen der Auftraggeber verfolgt werden. In Deutschland sind die „sozialen Milieus" der Sinus Sociovision GmbH sehr weit verbreitet. Ein Milieutyp fasst Personen zusammen, die sich hinsichtlich ihrer Lebensauffassung in Form von Werteorientierung, Lebensziele und Lebensweise ähneln. Es werden zehn Milieutypen unterschieden. Die Milieus werden seit 1979 regelmäßig aktualisiert (vgl. MÜNCH 2005, o.S.).

Eine Erweiterung der Untersuchung erfolgt im Rahmen des Projekts „Nachfrageorientierte Wohnungspolitik" in Zusammenarbeit mit dem Bundesverband für Wohneigentum und Stadtentwicklung. Seit 2003 werden auch Wohnstandortpräferenzen, Wohnzufriedenheit, -wünsche und -erwartungen der Milieus ermittelt (vgl. HALLENBERG 2003, S.201). Dabei stellt sich heraus, dass die Modernen Performer und die Experimentalisten urban orientierte Gruppen sind (PERRY 2004, S.9). Die Modernen Performer werden charakterisiert als „die junge, unkonventionelle Leistungselite: intensives Leben - beruflich und privat" (SINUS SOCIOVISION 2005a, o.S.) Sie zeichnen sich aus durch „Multi-Optionalität, Flexibilität und Multimedia-Begeisterung" (a.a.O.). Als „individualistische neue Bohème" (SINUS SOCIOVISION 2005b, o.S.) werden die Experimentalisten beschrieben. Dieses Milieu zeichnet sich aus durch „ungehinderte Spontaneität, Leben in Widersprüchen, Selbstverständnis als Lifestyle-Avantgarde" (a.a.O.). Entsprechend zur Lebensstilgruppe der Aktiven in der Forschung von SCHNEIDER sind die großstädtischen Milieus junge Milieus mit hohem Bildungsniveau und mindestens durchschnittlichem Haushaltsnettoeinkommen. Trotz unterschiedlicher Untersuchungsdesigns und -ziele weisen die urban orientierten Gruppen beider Studien ähnliche Merkmalsausprägungen auf.

Nach den Einblicken in Konzepte zu Entscheidungsprozessen bei Wanderungen und in Ansätze zur Bildung von Gruppen gleichen Verhaltens wird im nächsten Kapitel der Fokus auf die Wohnung selbst und auf Wohnen als Grundbedürfnis gelegt.

2.2.5 Wohnung, Wohnbedürfnisse und Wohnumgebung

Nicht nur verschiedene Vorlieben der Haushalte beeinflussen die Wahl eines Wohnstandorts. Auch die Wohnung selbst verfügt über besondere Eigenschaften, die bei der Entscheidung für eine Wohnung eine Rolle spielen. Außerdem liegt die Bewertung einer Wohnung nicht nur beim Haushalt. Auch psychologische Mechanismen beeinflussen die Bewertung einer Wohnung. Abschließend werden nachbarschaftliche Beziehungen und die Identität mit dem Stadtquartier als zwei Dimensionen der Wohnumgebung beleuchtet.

2.2.5.1 Besonderheiten des Gutes Wohnung und des Wohnungsmarkts

Die Wohnfunktion ist eine der Grunddaseinsfunktionen. Wohnen umfasst Erholung, Versorgung, Betreuung und Intimität. Auch der soziale Aspekt spielt eine wichtige Rolle: Geselligkeit und Unterhaltung sowie Repräsentation und Selbstdarstellung sind Funktionen, die eine Wohnung erfüllen muss. Mit der Möglichkeit, Funktionen auszulagern (zum Beispiel die Betreuung in Pflegeheime oder Kinderhorte, Versorgung in Restaurants), wird die Wohnung als Repräsentations- und Selbstdarstellungsraum immer wichtiger. „Die Wohnung gilt damit als Maßstab sowohl für Prestige als auch für Individualität" (SCHNEIDER 1999, S.24).

Neben der Wohnfunktion definiert sich die Wohnung über weitere Besonderheiten:

Verschiedene Wohnungen sind in ihren Eigenschaften unterschiedlich, sie konkurrieren aber auf dem Markt dennoch miteinander. Man spricht dabei von **Heterogenität** oder Komplexitätsgrad einer Wohnung. Der Nutzen einer Wohnung hängt zum Beispiel von der Wohnungsgröße, der Zimmerzahl, der Wohnungsausstattung, dem Gebäudetyp, der Lage der Wohnung usw. ab. Hinzu kommen für den nachfragenden Haushalt Faktoren, wie die Lage zum Arbeitsplatz und das Image der Wohngegend. Die verschiedenen Eigenschaften einer Wohnung und ihre subjektive Bewertung bedingt, „dass eine Identität zwischen zwei angebotenen Wohnungen nicht zu erreichen sein wird, im strengen Sinne also jede Wohnung als gesondertes Gut betrachtet werden muss" (FEILMAYR o.J., S.1). Die Heterogenität der Wohnung macht es notwendig, den Wohnungsmarkt nach Sektoren strukturiert zu betrachten.

Wohnungen sind außerdem an ihren **Standort gebunden**. Durch die Immobilität der Wohnung wird der Nutzen der Wohnung auch von externen Faktoren bestimmt. Zum einen sind die Entfernung zu Arbeitsstandorten, Einkaufsmöglichkeiten oder anderen infrastrukturellen Einrichtungen Merkmale der Wohnung. Der Nutzen der Wohnung wird auch durch die Qualität des Wohnumfelds geprägt, die sich aus den nachbarschaftlichen Beziehungen, der Bebauungsdichte, Grünflächenanteil, Umweltbelastungen usw. zusammensetzt. Da die Wohnung an den Boden gebunden ist, sind Bodenmarkt und Wohnungsmarkt eng miteinander verbunden. Der Bau und die Kosten neuer Wohnungen wird zum Beispiel durch Engpässe auf dem Bodenmarkt beeinflusst. „Die Bodengebundenheit des Wohnens erweist sich als Nahtstelle zu Fragen der Städteplanung und Raumordnung" (a.a.O., S.2f). Durch die Bodengebundenheit der Wohnungen können Flächen für den Wohnungsbau ausgewiesen werden und die Nutzung gesteuert werden.

"Die Wohnung ist das langlebigste aller lebensnotwendigen Konsumgüter und wird von mehreren Haushalten hintereinander genutzt" (a.a.O. S.3). Doch auch wenn die Qualität des Gebäudes eine längere Nutzungsdauer zulassen würde, gibt es oft keine Nachfrage mehr für eine gewisse Art von Wohnung. Aus der **Langlebigkeit** ergibt sich ein Nebeneinander von neuen und gebrauchten Wohnungen. Außerdem können auftretende Kosten für die Wohnung durch die Langlebigkeit nur schwer eingeschätzt werden. Mögliche Veränderungen in den Wohnbedürfnissen der Haushalte verlangen Flexibilität für die Erfüllung der Wohnansprüche.

Außerdem ist die **Produktionsdauer** von Wohnungen **umfangreich**: Normalerweise liegen zwischen der Entscheidung, in Wohnungsneubau zu investieren, und der Fertigstellung zwei Jahre . Die Anpassung an die Marktsituation wird erschwert, „denn zwischen dem Erkennen etwa einer Unterversorgung, der Reaktion hierauf und dem Wirksamwerden dieser Reaktion liegt ein Time-lag in der oben beschriebenen Größenordnung" (a.a.O. S.3).

Eine weitere Besonderheit des Gutes Wohnung ist, dass sie **gekauft oder gemietet** werden kann. Daraus ergibt sich die Aufsplittung in einen Wohneigentumsmarkt und einen Mietwohnungsmarkt (vgl. a.a.O. S.5).

Die Besonderheiten der Wohnung als Gut machen auch den Wohnungsmarkt zu einem besonderen Markt. Anstelle eines homogenen Marktes existieren eine Reihe von Segmenten oder Teilmärkten, in denen unterschiedliche Entwicklungen stattfinden (vgl. WIESSNER 1989, S.11). Durch die Standortgebundenheit der Wohnungen teilt sich der Wohnungsmarkt in regionale Teilmärkte auf. Wichtiges Kriterium für die Abgrenzung von Teilmärkten ist der Anschluss an die öffentlichen Verkehrsmittel und an den Straßenverkehr. Durch die Verkehrsanbindung können Wohnungen mit vergleichbarer Ausstattung unterschiedliche Preise erzielen. Wegen der Heterogenität und der Langlebigkeit der Wohnungen fächern sich die regionalen Teilmärkte weiter auf in sachlich differierende Märkte. Kriterien zur Abgrenzung der Wohnungsteilmärkte können bauliche Merkmale, wie Baualter, Gebäudeart, Ausstattung oder Größe der Wohnungen, sein. Auch der Preis der Wohnung und statusrechtliche Aspekte stecken Segmente des Wohnungsmarkts ab. Es gibt den Miet- und Eigentumsmarkt, den freifinanzierten und geförderten Markt (vgl. a.a.O; Failmayr o.J. S.13f).

2.2.5.2 Wohnbedürfnis und Wohnzufriedenheit

Nicht nur die heterogenen Merkmale von Wohnungen sind Grund dafür, dass Wohnungen unterschiedlich nachgefragt werden. Die gleiche Wohnsituation kann den Ansprüchen einer bestimmten Person genügen, während sie von einer anderen Person als ungenügend bewertet wird. Für solche „Paradoxien zwischen objektiver Lage und subjektiver Bewertung" (BÖLTKEN 1999, S.141) können verschiedene Erklärungsansätze angeführt werden.

Die **Theorie der Bedürfnishierarchie** geht davon aus, dass sich Ansprüche und Bedürfnisse ständig neu entwickeln. Wenn die Ansprüche einer niedrigeren Stufe erfüllt sind, werden die Bedürfnisse auf eine höhergelegene Stufe verlagert. Grundsätzlich lassen sich Bedürfnisse in Grundbedürfnisse (Schutz vor Hitze und Kälte), gehobene Bedürfnisse (Sicherheit) und höhere Bedürfnisse (Selbstdarstellung) unterteilen. Je höher die Stufe in der Hierarchie ist, um so abhängiger sind die Bedürfnisse von kulturellen und gesellschaftlichen Vorgaben.

Diese Theorie kann auch auf Wohnbedürfnisse angewendet werden. Je nach sozialer Lage entwickeln sich unterschiedliche Ansprüche an Wohnstandards. „Ein niedriger Wohnstandort geht dabei tendenziell mit einem niedrigen Anspruchsniveau, ein hoher Wohnstandard mit höheren, stärker kulturell geprägten Ansprüchen einher" (a.a.O.).

Anders als bei der Vorstellung der Bedürfnishierarchie geht die **Dissonanztheorie** davon aus, dass der Mensch auf lange Sicht versucht, die Lücke zwischen Wunschvorstellung und Wirklichkeit möglichst gering zu halten. Kann eine Situation auf absehbare Zeit nicht verbessert werden, werden die Ansprüche zurückgenommen. Man findet sich mit dem ab, was man hat. Zufriedenheit mit einer Wohnsituation kann dabei auch Resignation bedeuten (vgl. a.a.O.).

Eine Erweiterung stellt die **Vergleichsgruppentheorie** dar. Sie fügt hinzu, dass es kein allgemeines Niveau gibt, an dem sich Menschen orientieren. Die individuelle Situation wird mit Situationen von Freunden, Bekannten oder Kollegen verglichen und danach bewertet (vgl. a.a.O.).

Wie bereits erwähnt umfasst Wohnen auch die Wohnumgebung. Nachbarschaftliche Beziehungen und die Identität mit dem Stadtquartier sind zwei ausgewählte Dimensionen des Wohnumfeldes, die Einfluss auf die Zufriedenheit der Bewohner haben. Auf Nachbarschaft und Identität wird eingegangen, da diese Dimensionen auch Eingang in das Konzept Theresienhöhe und in die Fragestellungen der vorliegenden Untersuchung gefunden haben.

2.2.5.3 Nachbarschaften in der Großstadt

Anonymität wird oft in einem Atemzug mit der Gesellschaft einer Großstadt genannt. Indem Beziehungen ziemlich unpersönlich bleiben und an einen bestimmten Zweck gebunden sind, kann man ohne größere Probleme mit vielen Menschen in Kontakt treten, ohne Vorlieben, Werte und Einstellungen der Anderen akzeptieren zu müssen. Die Anonymität in der Großstadt ist Ausdruck dafür, dass die Stadt „sozialen Raum für akzeptierte Differenzen" (HÄUSSERMANN 2004, S. 36) schafft.

Der Annahme, dass mit wachsender Größe eines Ortes die persönlichen Kontakte und die Bedeutung der Gemeinschaft abnehmen, widersprechen allerdings viele Untersuchungen.

Forschungen in Sanierungsgebieten europäischer Großstädte zeigen, dass sich auch in Quartieren großer Städte nachbarschaftliche Unterstützungsnetzwerke, gegenseitige Solidarität und ein Gefühl der Zusammengehörigkeit entwickeln können. Besonders häufig und ausgeprägt entwickeln sich solche nachbarschaftlichen Beziehungen in Viertel mit Bewohnern aus anderen Ländern und Kulturen. Durch die gemeinsame ethnische Herkunft mit gleichen Normen und Werten kann in einer fremden Stadt ein Gemeinschaftsgefühl entstehen, das die Basis der gemeinschaftlichen Strukturen ist. Lokale Gemeinschaften in Stadtteilen mit kulturell und sozial heterogener Bevölkerung bilden sich häufig auf der Basis ähnlicher Lebensweisen. „In Quartieren, in denen Menschen mit ähnlichem Einkommen, vergleichbarem Bildungsstand und in ähnlichen Familienverhältnissen leben, findet man für gewöhnlich auch die intensivsten nachbarschaftlichen Beziehungen" (a.a.O., S.109).

Im 20. Jahrhundert ist der Aufbau von funktionierenden Nachbarschaften ein wichtiges Planungskonzept des deutschen Städtebaus. Das Nachbarschaftskonzept geht davon aus, dass der physisch-bauliche Rahmen eine entscheidende Komponente für die Bildung einer funktionierenden Nachbarschaft, also einer sozialen Gemeinschaft, ist. Die Entwicklung von nachbarschaftlichen Beziehungen soll gefördert werden, indem man das Wohngebiet verkehrsberuhigt und Treffpunkte wie Spielplätze oder Grünflächen für die Bewohner einrichtet. Sozial homogene Nachbarschaften werden vermieden, da sich vor allem Bewohner verschiedener sozialer Gruppen kennen lernen und sich akzeptieren lernen sollen. Auch Engagement und Eigeninitiative soll durch dieses Konzept gefördert werden (vgl. a.a.O., S.110).

Folgeuntersuchungen in den nach dem Nachbarschaftskonzept entstandenen Neubaugebieten und Vergleiche zwischen Alt- und Neubaugebieten ergeben, dass zum einen nachbarschaftliche Kontakte kaum von der städtebaulichen Gestaltung abhängen. Zum anderen zeigt sich, dass durch das Bauen nach dem Nachbarschaftskonzept langfristig keine intensiveren Beziehungen als „normal" initiiert werden. Mit Fragen zur Intensität der Kontakte werden die Nachbarschaftsbeziehungen untersucht. Dabei stellt sich als Normalniveau Folgendes heraus: man grüßt sich und man hilft sich gelegentlich bei banalen Dingen, zum Beispiel das Ausleihen einer Zwiebel. Räumliche Nähe allein generiert also keine intensiven Sozialbeziehungen. Grundlage für aktivere Kontakte und Freundschaften ist meist soziale Homogenität. Dies steht im Gegensatz zu dem Ziel, durch eine heterogene Zusammensetzung der Bewohner soziale Integration zu fördern (vgl. a.a.O., S.111).

Kontakte zu Freunden und Kollegen sind für Bewohner von Großstädten durchaus wichtig, aber durch Telekommunikation und Verkehrsmittel ist die lokale Konzentration dieser Netze nicht mehr notwendig. Menschen mit eingeschränkter Mobilität und Kommunikationsmöglichkeit sind nach wie vor auf Nachbarschaftsbeziehungen angewiesen. Auf Mütter mit kleinen Kindern und alten Menschen können diese Einschränkungen zutreffen (a.a.O, S.113f).

Vor allem für Kinder bildet die Nachbarschaft meist eine zentrale Bezugsgruppe (vgl. HERLYN 1988, S.120).

Entgegen der Entwicklung von Netzwerken statt Nachbarschaften entstehen auch „Formen inszenierter Nachbarschaften" (HÄUSERMANN 1999, S.18). Dabei werden Nachbarschaften auf der Basis von gemeinsamen Lebensauffassungen erzeugt. In Hausgemeinschaften zum Beispiel soll Anonymität durchbrochen werden, indem Aufgaben haushaltsübergreifend organisiert werden. Die Bewohner teilen das Interesse daran, mit den Nachbarn intensiveren Kontakt zu haben und zusammenzuarbeiten. Sobald aber Lebensbereiche geteilt werden, wie zum Beispiel die Kinderbetreuung, steigt die Tendenz zu einer genaueren Auswahl der Nachbarn. Soziale Homogenität ist erwünscht, die Nachbarschaften basieren auf einer „feinkörnigen sozialen Segregation" (a.a.O.).

2.2.5.4 Identität und Identifikation

Konzepte zur Entwicklung von lokalen Identitäten und Regionalisierung sind in den letzten Jahrzehnten zu einem wichtigen Aspekt in der Stadtentwicklung geworden. Sie stehen dem Prozess der Globalisierung und damit der Vereinheitlichung und Internationalisierung der Städte entgegen. Die Städte und Stadtteile wollen mit Hilfe von lokalen Identitäten der globalen Angleichung entgegenwirken und eine eigene Identität entwickeln und stärken (vgl. CHIETTI 2002, S.276).

Dabei umfasst der Begriff Identität vor allem in der stadtpolitischen Diskussion verschiedene Aspekte. Die Identität einer Stadt kann durch Merkmale beschrieben werden, mit deren Hilfe eine Stadt oder ein Stadtteil identifiziert werden kann.

Mit Identität können auch die sozialen Merkmale und Selbsteinschätzungen der lokalen Bevölkerung beschrieben werden.

Der dritte Aspekt lokaler Identität beschreibt die Identifikation der Bevölkerung mit ihrer Stadt oder ihrem Stadtteil.

Darüber hinaus ist lokale Identität nicht essentialistisch und natürlich gegeben. Identitätsbildung ist also kein natürlicher Prozess, Identitäten werden im sozialen Alltag und besonders im politischen Diskurs konstruiert (vgl. BÜRKNER 2002, o.S.).

Im Folgenden beschreibt der Begriff Identität charakteristische Merkmale einer Stadt. Die Identifikation der Bewohner entwickelt sich aus der Wirkung dieser identitätsbildenden Elemente der Stadt oder des Stadtteils.

Historische Bausubstanz prägen in vielen europäischen Städten das Stadtbild, das historische Erbe ist ein beständiges Merkmal dieser Städte. Es gibt aber auch jüngere Elemente, welche die Identität der jeweiligen Stadt bestimmen können. Auch das Bedürfnis nach Abwechslung und Ungewohntem bestimmt die Identität von manchen Städten. Die Identitätsbewahrung und -entwicklung einer Stadt bedeutet nicht ausschließlich den Erhalt von alter Bausubstanz. Zur Geschichte einer Stadt gehören auch Veränderungen. Die Entwicklung der Stadt fließt in den Prozess der Identitätsbildung mit ein (vgl. CHIETTI 2002, S.280f).

Raumbezogene Identität erzeugt beim Bewohner ein Gefühl der Sicherheit, Konstanz und Vorhersehbarkeit. Damit ist sie Voraussetzung für Handlungsentwürfe und die Entwicklung der eigenen Identifikation, eines Ich-Gefühls, einer Person (vgl. WEICHART 1990, S.36). Kontinuierlich stattfindende Begegnungen mit Menschen und mit gebauter Umwelt sind wichtige Voraussetzungen dafür, dass sich Personen mit dem physischen Raum identifizieren (vgl. HERLYN 1990, S.14). Je unverwechselbarer und charakteristischer dabei die städtische oder landschaftliche Umwelt ist, um so schneller entwickelt sich beim Bewohner eine Identifikation mit der Umwelt (vgl. HERLYN 1988, S.116). Die Identifikation der Bewohner mit ihrem Stadtteil erzeugt ein Gefühl der Zusammengehörigkeit. In den physischen Raum werden kollektiv geteilte Werte und soziale Beziehungen projiziert (vgl. WEICHART 1990, S.39). Damit verbunden ist auch die Abgrenzung gegenüber anderen Gebieten und ihren Bewohnern (vgl. a.a.O., S.20).

Die gleichzeitige Existenz von Bauwerken unterschiedlicher Epochen spiegelt die Entwicklung der Stadt wider. „Strukturen verschiedener Zeitdimensionen sind die wesentlichen Elemente, die Identitäten im Stadtbild erzeugen" (CHIETTI S. 287). Dabei wird auch moderne Architektur nicht ausgeschlossen. Für den normalen, nicht symbolbehafteten Wohnungsbau kann es für die lokale Identität hilfreich sein, sich an vorhandenen regionalen Merkmalen zu orientieren, da die Bewohner hiermit Kontinuität assoziieren. Dies fördert das Gefühl von Sicherheit und Geborgenheit bei den Bürgern und stärkt somit die Identität der Stadt (vgl. a.a.O., S.288f).

2.3 Anwendungen auf das Quartier Theresienhöhe

Die Erkenntnisse aus den im Kapitel 2.1 und 2.2 ausgeführten Konzepten, Ansätzen und Forschungsergebnissen werden nun auf die neu entstandene Theresienhöhe angewandt. Mögliche Entwicklungen im Quartier Theresienhöhe werden als Hypothesen zu den einzelnen Leitfragen formuliert.

2.3.1 Annahmen zu Bevölkerungs- und Haushaltsstruktur

Das Wohnen auf der Theresienhöhe zeichnet sich durch zwei grundsätzliche Eigenschaften aus, die bei der Formulierung von Annahmen zur Bevölkerungs- und Haushaltsstruktur zugrunde gelegt werden müssen. Zum einen handelt es sich um Wohnen in der Innenstadt einer Großstadt, die sich durch einen angespannten und somit hochpreisigen Wohnungsmarkt auszeichnet. Außerdem, obwohl es sich auf der Theresienhöhe durchgehend um Wohnungsneubau handelt, gibt es verschiedene Wohnungsteilmärkte, durch die Aufteilung in freifinanzierte Wohnungen und geförderte Wohnungen. Vor dem Hintergrund dieser Eigenschaften und aufbauend auf den Erkenntnissen aus Wissenschaft und Forschung lassen sich Annahmen und Hypothesen zur Bevölkerungs- und Haushaltsstruktur entwickeln.

Als innerstädtisches Wohngebiet zieht die Theresienhöhe junge Erwachsene an, während Kinder und alte Leute fehlen. Da es sich bei allen Bewohnern um Zuwanderer auf die Theresienhöhe handelt, machen sich die Auswirkungen einer differenziellen Migration bemerkbar: Auf der Theresienhöhe unterscheidet sich die Zusammensetzung der Bevölkerung von der übrigen Schwantalerhöhe und von der Gesamtstadt München. Unterscheidungsmerkmale können Alter, Stellung im Lebenszyklus, Haushaltstyp, Einkommen, Bildungsstand und Ausländeranteil sein. Aufgrund der unterschiedlichen Finanzierungsarten der Wohnungen unterscheiden sich auch die Bevölkerungsgruppen innerhalb der Theresienhöhe in den oben genannten Merkmalen.

Da man die neuen Haushaltsformen vor allem in der Kernstadt findet, werden sie auch im Quartier Theresienhöhe stark vertreten sein. Als „Phänomen des Wohnstands" (HÄUSSERMANN 1999, S.20) sind sie im freifinanzierten Wohnungsteilmarkt stärker vertreten als im geförderten Bereich.

Bei den Wohnungen der Theresienhöhe, die auf dem freien Markt angeboten wurden, handelt es sich um hochpreisige Immobilien, die wohlhabende Bevölkerungsgruppen ansprechen. Nach HELBRECHT können nicht nur Sanierungsmaßnahmen in Altbauvierteln sondern auch innerstädtische Neubaugebiete mit dem Konzept der Gentrification erfasst werden. Betrachtet man im Quartier Theresienhöhe die nachfragenden Haushalte als Gentrifier, so handelt es sich um eine einkommensstarke, gut gebildete und erfolgreiche Bevölkerungsgruppe. Das Klischee der Yuppies als gutverdienende Singles und der DINKS (double income no kids) als karriereorientierte Doppelverdienerhaushalte wird mit den Gentrifiern in Verbindung gebracht. Als dominierende Gentrifier sind diese Klischees aber nicht haltbar (vgl. HELBRECHT 1996, S.2f).

Die Wohnung ist heute auch Mittel zur Selbstdarstellung und Selbstverwirklichung. Über die Größe der Wohnung können Bevölkerungsgruppen ihren Wohlstand repräsentieren. Eine hohe Quadratmeterzahl pro Bewohner findet man überwiegend im freifinanzierten Bereich und bei den neuen Haushaltsformen.

Die geförderten, günstigeren Wohnungen bieten einkommensschwächeren Haushalten die Möglichkeit, in der Innenstadt zu wohnen. Hier findet man Familien, die gerne in der Innenstadt leben, sich aber eine freifinanzierte Wohnung nicht leisten können. Das gilt sowohl für die Staatsdienstwohnungen und nach dem München-Modell geförderten Wohnungen als auch für den geförderten Wohnungsbau.

Die Belegung der Wohnungen des sozial geförderten Wohnungsbaus in München zeigt, dass hier ein hoher Anteil ausländischer Haushalte wohnt. Daher kann auch in diesem Bereich der Theresienhöhe mit einem hohen Ausländeranteil gerechnet werden.

Folgende Hypothesen lassen sich aus diesen Annahmen ableiten:

Hypothese 1:	Es gibt auf der Theresienhöhe wenig Kinder und wenig alte Leute.
Hypothese 2:	Die Bevölkerungsstruktur der Theresienhöhe unterscheidet sich von der Bevölkerungsstruktur der Umgebung (Schwanthalerhöhe und Gesamtstadt): Sie sind jünger, leben in kleineren Haushalten und seltener mit Kindern im Haushalt.
Hypothese 3:	Die Haushalte der Wohnungsteilmärkte unterscheiden sich in ihrer Struktur folgendermaßen:
Hypothese 3a:	Die Bewohner der freifinanzierten Wohnungen haben einen hohen Bildungsabschluss und ein hohes Nettohaushaltseinkommen im Vergleich zu den Haushalten geförderter Wohnungen.
Hypothese 3b:	Die Haushalte in freifinanzierten Wohnungen sind kleiner als Haushalte geförderter Wohnungen.
Hypothese 3c:	In den geförderten Wohnungen ist der Anteil der Familien höher als bei den freifinanzierten Wohnungen.
Hypothese 3d:	Die geförderten Wohnungen weisen einen höheren Ausländeranteil auf als die freifinanzierten Wohnungen.
Hypothese 4:	Die Wohnfläche pro Person ist bei den freifinanzierten Wohnungen höher als bei den geförderten Wohnungen.
Hypothese 5:	Die neuen Haushaltsformen machen auf der Theresienhöhe einen hohen Anteil aus und konzentrieren sich auf den freifinanzierten Bereich. Ihre Wohnungen zeichnen sich durch eine hohe Quadratmeterzahl pro Person aus.
Hypothese 6:	Bei Haushalten im freifinanzierten Bereich findet man „Yuppies" und „DINKS", sie dominieren aber nicht die Haushaltsstruktur.

2.3.2 Annahmen zu den nachbarschaftlichen Kontakten zwischen den Bewohnern

Das Ziel der unterschiedlichen Finanzierungsarten auf der Theresienhöhe ist, eine heterogene Bevölkerungsstruktur zu schaffen im Sinne eines urbanen Wohnens in einer nachhaltigen Stadtentwicklung. Soziale Mischung dient dabei als räumliches Ordnungsprinzip. Doch schafft die räumliche Nähe unterschiedlicher Bevölkerungsgruppen, wie sie durch das Nebeneinander von Wohnungen auf dem freien Markt und geförderten Wohnungen erzeugt werden soll, auch eine soziale Mischung mit Kommunikation und Interaktion?

Erkenntnisse in der Literatur legen für die Intensität nachbarschaftlicher Kontakte die Annahme nahe, dass sich ein „normales", passives Verhältnis zu den Nachbarn einstellt. Man grüßt sich und hilft sich bei einfachen Dingen gegenseitig.

Ein aktiveres Verhältnis kann sich bei Haushalten mit kleinen Kindern, bei einkommensschwachen Haushalten, ausländischen Haushalten oder Hausgemeinschaften wie im genossenschaftlichen Wohnungsbau entwickeln. Ein aktiveres Verhältnis bedeutet gegenseitige Besuche und Freundschaften in der Nachbarschaft. Dabei spielt auch die Zusammensetzung der Nachbarschaft eine wichtige Rolle. Denn wer damit unzufrieden ist und sich nicht in die Nachbarschaft eingebunden fühlt, pflegt auch keine tieferen Beziehungen zu seinen Nachbarn.

Aus diesen Überlegungen lassen sich folgende Hypothesen formulieren:

Hypothese 7:	Das Verhältnis zu den Nachbarn ist überwiegend passiv.
Hypothese 8:	Personen die mit der Zusammensetzung der Nachbarschaft unzufriedener sind, haben weniger Kontakt zu den Nachbarn.
Hypothese 9:	Das Verhältnis zu den Nachbarn wird durch die räumliche Nähe unterschiedlicher Wohnungsteilmärkte nicht intensiver.
Hypothese 10:	Familien, einkommensschwache Haushalte, ausländische Haushalte und Haushalte in Genossenschaftswohnungen haben ein aktiveres Verhältnis zu Nachbarn.

2.3.3 Annahmen zum Zuzugsverhalten der Haushalte in das Quartier

Aus welchen Gründen sich die Haushalte entschieden haben, auf die Theresienhöhe zu ziehen, ist eine zentrale Frage für eine nachfrageorientierte kommunale Wohnungspolitik. Die Heterogenität des Gutes Wohnung und die damit verbundene Auffächerung des Wohnungsmarkts in Teilmärkte führt dazu, dass nicht Wohnungen an sich nachgefragt werden, sondern bestimmte Merkmale der Wohnung und Wohnumgebung. Die Anforderungen an eine neue Wohnung sind unterschiedlich und werden durch die Motive und Gründe für einen Umzug mitbestimmt.

Auf die Fragen woher die Bewohner der neuen Theresienhöhe kommen und was ihre Gründe für den Zuzug waren, lassen die Erkenntnisse aus der Migrationsforschung verschiedene Annahmen zu. In der heutigen Gesellschaft überwiegen innerstädtische Wanderungen und Stadt-Stadt-Wanderungen. Die Gründe innerstädtischer und intraregionaler Wanderungen sind meist auf Familie und Wohnung und das Wohnumfeld bezogen, während interregionale Wanderungen öfter arbeitsplatzbezogen sind.

Je nach ihrer sozioökonomischen Lage haben Haushalte unterschiedliche Möglichkeiten bei der Wahl einer neuen Wohnung. Bei einkommensschwächeren Haushalten und Haushalten mit Kindern liegen daher die Gründe für den Zuzug eher darin, dass die alte Wohnung und Wohnumgebung den Ansprüchen nicht mehr genügt. Für einkommensstarke und kinderlose Haushalte ist die Wahlmöglichkeit größer, die Vorteile des neuen Wohnstandorts sind für den Zuzug auf die Theresienhöhe ausschlaggebend. Diese Annahmen lassen sich auf die Wohnungsteilmärkte übertragen: die Haushalte des freifinanzierten Bereichs hatten mehr Möglichkeiten bei der Auswahl ihrer Wohnung und wählten die Theresienhöhe aufgrund ihrer Vorteile.

Ein Ziel des Konzepts der Theresienhöhe ist, die Abwanderung vor allem von jungen Familien ins Umland zu verhindern. Untersuchungen haben gezeigt, dass junge Familien zum einen ins Umland ziehen, um Eigentum zu erwerben und um den Kindern ein sicheres Wohnumfeld im Grünen zu bieten. Zum anderen gibt es viele Familien, die unfreiwillig ins Umland ziehen, da sie sich eine Wohnung in innerstädtischer Lage nicht leisten können. Für die zweite Gruppe junger Familien ist anzunehmen, dass vor allem die geförderten Wohnungen eine Alternative zum Wegzug ins Umland ist.

> Hypothese 11: *Ein Großteil der Bewohner hat vorher auch schon in München gewohnt.*
> Hypothese 12: *Haben die Haushalte vorher schon in München gewohnt, sind die Umzugsgründe wohnungsbezogen, kommen die Haushalte von außerhalb der Region München, sind die Gründe arbeitsplatzbezogen.*
> Hypothese 13: *Bei Haushalten mit besserer sozioökonomischer Lage (kinderlose und einkommensstarke Haushalte, Haushalte des freifinanzierten Bereichs) sind die Vorteile der Theresienhöhe für den Zuzug wichtiger als bei Haushalten mit schlechterer sozioökonomischer Lage (Haushalte mit Kindern, einkommensschwächere Haushalte, Haushalte des geförderten Bereichs).*
> Hypothese 14: *Für junge Familien ist die Theresienhöhe eine Alternative zum Umland.*

2.3.4 Annahmen zur Identität, Identifikation und Integration

Neben einer guten Nachbarschaft trägt auch die Identifikation der Bewohner mit ihrer Wohnumgebung zur Zufriedenheit der Bevölkerung bei. Allerdings ist es stadtentwicklungspolitisch wichtig, dass die Identität eines Stadtquartier nicht zu sehr über die Abgrenzung von der Umgebung definiert wird, um Segregationsprobleme zu vermeiden. Das Konzept der Theresienhöhe verfolgt das Ziel, einen Mittelweg zu finden zwischen eigenständiger Identität und Integration in die anliegenden Stadtviertel.

In diesem Kapitel werden Annahmen entwickelt, welche die Aspekte Identität und Integration umfassen.

Für eine lokale Identität verfügt die Theresienhöhe durch historische Bausubstanz über einige Merkmale, welche die Geschichte des Ortes weitertragen können: Neben der Bavaria und der Ruhmeshalle mit dem gewachsenen Park hat auch der Wiederaufbau der alten Messehallen das Potential, die Vergangenheit der Theresienhöhe aufzunehmen. Die Theresienwiese kann auch als Verortung bayerischer Geschichte gesehen werden. Seit Jahren stellt die Theresienwiese mit dem Oktoberfest und anderen Veranstaltungen die Stadt München als Erlebniswelt dar.

Ein Merkmal einer modernen Großstadt kann das Wohnhochhaus im Nordteil des Quartiers sein. Allerdings ist es in der Wohnarchitektur schwieriger, durch moderne Merkmale Identität zu stiften. Es kann also angenommen werden, dass das Wohnhochhaus von der Bevölkerung nicht so sehr als Identitätsmerkmal des Quartiers Theresienhöhe gesehen wird.

Die Fülle an historischen Merkmalen der Theresienhöhe führt dazu, dass das Gebiet eine eigenständige Identität aufbauen kann, mit der sich die Bewohner anhand von den städtebaulichen Merkmalen identifizieren können. Die genannten Wahrzeichen liegen aber alle im nördlichen Bereich der Theresienhöhe. Aufgrund der Entfernung sehen nicht alle Bewohner die Merkmale als Charakteristika ihres Quartiers an.

Halten sich die Bewohner gerne in ihrer Wohnumgebung auf, so ist dies ein Zeichen dafür, dass sich die Bewohner in ihrem Wohnumfeld wohlfühlen und sich mit der Theresienhöhe identifizieren. Wenn sie jede Möglichkeit nutzen, um die Wohnumgebung zu verlassen und keinen Ort haben an dem sie sich gerne aufhalten, ist eine Identifikation der Bewohner mit der Theresienhöhe nicht vorhanden. Da die Theresienhöhe über viele identitätsstiftende Merkmale verfügt, können sich die Bewohner auch mit ihrem Quartier identifizieren und halten sich auch gerne im Wohnumfeld auf.

Der zweite Teil des Kapitels umfasst Annahmen zur Integration des Quartiers in die anliegenden Stadtviertel. Durch die Orientierung der Bebauungsstruktur an die anliegenden Viertel versucht das Konzept dies zu erreichen. Auch der Ausbau von Fußwegen und Übergängen wie in den Westpark soll eine Integration in die anliegenden Viertel fördern. Jedoch braucht dies Zeit. „Ob der Ausgleich zwischen traditionellen städtebaulichen und sozialen Strukturen in den benachbarten Stadtvierteln und dem neuen Milieu im Quartier Theresienhöhe gelingt, wird sich allerdings, wie in jedem neuen Stadtviertel erst nach längerer Zeit erweisen" (REISS-SCHMIDT 2001, S.117). Es ist nicht anzunehmen, dass das Quartier bereits integriert ist. Die Gefahr, dass sich die Theresienhöhe zu einer abgeschlossenen Insel in der Stadt entwickelt, soll auch durch die angestrebte soziale Mischung verhindert werden.

Folgende Hypothesen lassen sich aus diesen Annahmen zu Identität, Identifikation und Integration entwickeln:

> *Hypothese 15: Die alten städtebaulichen Strukturen (Bavaria und Park, Ruhmeshalle, alte Messehallen und Theresienwiese) sind für die Bewohner Identitätsmerkmale der Theresienhöhe.*
> *Hypothese 16: Bewohner im Süden der Theresienhöhe nennen seltener Merkmale als Bewohner des Nordteils.*
> *Hypothese 17: Die meisten Bewohner halten sich gerne im Quartier Theresienhöhe auf.*
> *Hypothese 18: Das neue Quartier ist noch nicht in die anliegenden Stadtviertel integriert, die Eingliederung wird sich mit der Zeit aber noch entwickeln.*

2.3.5 Annahmen zur Wohnumgebung und ihrer Bewertung durch die Bewohner

Das Konzept Theresienhöhe sieht vor, auf der Theresienhöhe eine Wohnumgebung nach dem Prinzipien „kompakt, urban, grün" zu schaffen. Diese Leitlinie basiert auf den drei Ordnungsprinzipien der nachhaltigen Stadtentwicklung Dichte, Mischung und Polyzentralität. Außerdem wird der Aspekt der Versorgung mit Grünflächen miteinbezogen. Die Annahme liegt nahe, dass auf der Theresienhöhe eine urbane Wohnumgebung entsteht, mit guter Verkehrsinfrastruktur, deckende Versorgung mit Gütern des täglichen Bedarfs und mit Grünflächen. Die Punkte dichte Bebauung und Funktionsmischung sind bereits im Bebauungsplan festgelegt.

Gleiche Wohnsituationen können von verschiedenen Personen unterschiedlich wahrgenommen werden (vgl. Kapitel 2.2.5.2). Bei einer umfassenden Untersuchung der Entwicklungen auf der Theresienhöhe darf die Wahrnehmung der Bewohner nicht außer Acht gelassen werden. Alle Haushalte auf der Theresienhöhe wohnen erst seit kurzem in ihrer neuen Wohnung. Außerdem haben sich alle Hauhalte dafür entschieden hierher zu ziehen, auch wenn die Wahlmöglichkeiten unterschiedlich groß gewesen sein können. Auch die Bedingungen seit dem Zuzug vor maximal drei Jahren haben sich nicht maßgeblich geändert. Daher kann man annehmen, dass die Haushalte, die auf der Theresienhöhe wohnen, im Vergleich zur Gesamtstadt zufriedener mit ihrer Wohnumgebung sind.

Im Vorfeld gab es kritische Punkte, über die Planer und beteiligte Bürger sich nicht einigen konnten. Hierzu zählen Dichte der Bebauung, Höhe und Gestaltung der Gebäude und der Grünflächenanteil. Dies sind Aspekte, die eventuell auch bei den Bewohnern negativ beurteilt werden.

Innerhalb des Quartiers Theresienhöhe gibt es Unterschiede in der Zufriedenheit. Vor dem Hintergrund der Vergleichsgruppentheorie kann man annehmen, dass die Bewohner des freifinanzierten Wohnungsteilmarkts unzufriedener mit ihrer Lage sind, da sie nicht den Zugang zu den verbilligten Wohnungen haben. Für das gleiche Wohnumfeld bezahlen sie viel mehr. Bezogen auf die Wohnung selbst sind die Haushalte des freifinanzierten Bereichs zufriedener, weil diese mehr Auswahlmöglichkeiten haben und die Wohnung mehr ihren Ansprüchen entsprechen. Außerdem konnten einige auch selbst bei der Gestaltung der Wohnung mitplanen.

Außer den Unterschieden in der Zufriedenheit der Haushalte nach Teilmärkten unterscheiden sich die Bewertungen des Wohnumfelds bei verschiedenen Haushaltstypen. Haushalte mit Kindern sind oft weniger mobil als kinderlose Haushalte. Daher stellen sie andere Ansprüche an die Umgebung und sind mehr auf das nahe Umfeld angewiesen. Mängel im Wohnumfeld werden von weniger mobilen Haushalten eher bemerkt und wirken sich stärker auf die Bewertung aus. Tendenziell sind also kinderlose Haushalte zufriedener mit ihrer Wohnumgebung als Haushalte mit Kindern.

Daraus lassen sich für die Wohnumgebung folgende Hypothesen formulieren:

> *Hypothese 19: Die Wohnumgebung der Theresienhöhe ist mit Grünflächen, Einkaufsmöglichkeiten zur Deckung des täglichen Bedarfs sowie Verkehrsinfrastruktur gut versorgt.*
>
> *Hypothese 20: Bei den Aspekten Dichte, Höhe und Gestaltung der Gebäude und Grünflächenanteil sind die Bewohner unterdurchschnittlich zufrieden.*
>
> *Hypothese 21: Die Bewohner der Theresienhöhe sind zufriedener mit ihrer Wohnumgebung im Vergleich zur Gesamtstadt.*
>
> *Hypothese 22: Bewohner des geförderten Wohnungsbaus sind mit der Wohnumgebung zufriedener als Bewohner des freifinanzierten Wohnungsteilmarkts.*
>
> *Hypothese 23: Haushalte des freifinanzierten Wohnungsteilmarkts sind mit ihrer Wohnung zufriedener als die Haushalte im geförderten Wohnungsteilmarkt.*
>
> *Hypothese 24: Haushalte mit Kindern sind unzufriedener mit ihrer Wohnumgebung als kinderlose Haushalte.*

3 Methodik und Vorgehensweise

Kern der Untersuchung ist, das Konzept Theresienhöhe im Bezug auf den Bereich Wohnen zu überprüfen. Dabei wird das Ziel verfolgt, sowohl ein objektives Bild des neu entstandenen Quartiers als auch Erkenntnisse über die Auswirkungen der Planung auf die Bewohner zu erhalten. Einblicke in die Bewohnerstruktur, die Beweggründe der Haushalte und ihre subjektive Einschätzung zur Wohnumgebung sind daher Schwerpunkt dieser Arbeit.

Die zentrale Lage des Untersuchungsgebiets im bebauten Stadtgebiet bedingt, dass die Entwicklungen auf der Theresienhöhe nicht isoliert betrachtet werden können. Daher bildet eine Charakterisierung der umliegenden Stadtbezirke den Beginn der empirischen Arbeit. Die Beschreibung basiert auf Darstellungen aus Literatur und Statistiken. Für eine objektive Beschreibung der Theresienhöhe selbst werden zusätzlich zu der Literaturrecherche Kartierungen durchgeführt.

Um Informationen über die Bevölkerungs- und Haushaltsstruktur und Bewertungen durch die Bewohner empirisch zu ermitteln wird als Methode die persönliche Haushaltsbefragung ausgewählt.

Ziel der Untersuchung ist nicht nur, Erkenntnisse über die Theresienhöhe zu gewinnen, sondern auch die empirischen Ergebnisse in einen gesamtstädtischen Rahmen einzuordnen. Sehr hilfreich ist hierbei die Münchner Bürgerbefragung 2000. Diese Bürgerbefragung hatte zum Ziel, „wichtige Entwicklungsbedingungen der sozialen Lage und Lebenssituation der Wohnbevölkerung in München sowie Einstellungen und Bewertungen zu wichtigen kommunalen Themen zu erfassen" (LHM 2002b, S.3). Bei der Entwicklung der Erhebungsmethoden werden Teilaspekte in Anlehnung an die Münchner Bürgerbefragung 2000 entwickelt, um eine Vergleichbarkeit der Ergebnisse zu ermöglichen.

3.1 Kartierung der Wohnumgebung

Bei der Kartierung handelt es sich um eine Zählung von verschiedenen Gesichtspunkten der Wohnumgebung und um die räumliche Visualisierung der Ergebnisse. Um die Wohnumgebung umfassend beschreiben zu können, werden verschiedene Aspekte, welche die Qualität des Quartiers beeinflussen können, empirisch erfasst und dargestellt. In der Münchner Bürgerbefragung 2000 werden sechs Dimensionen der Wohnumgebung unterschieden, die in Tabelle 4 dargestellt sind.

3 Methodik und Vorgehensweise

Tabelle 4: Dimensionen der Wohnumgebung in der Münchner Bürgerbefragung 2000

Wohnqualität allgemein	Kinderbetreuung	Wohnquartiers- standard	Sport und Soziales	Freizeitmöglich- keiten für Jung und Alt	Verkehrssicher- heit
Lage der Wohnung	Krippenangebot im Viertel	Ausgehmöglich- keiten	Versorgung mit Sportanlagen	Einrichtungen für Kinder	Verkehrssicherheit für Fußgänger und Radfahrer
Erreichbarkeit der Grün- und Freiflächen	Kindergartenange- bot im Viertel	Zusammensetzung der Bewohner	Sportmöglichkeiten	Einrichtungen für Jugendliche	Sicherheit des Schulwegs
Attraktivität der Grün- und Freiflächen	Hortangebot im Viertel	Kulturangebot	Sozialstationen/ ambulante Dienste	Einrichtungen für Senioren und Ältere	
Spielmöglichkeiten für Kinder		Einkaufsmöglich- keiten im Viertel			
Gebäude und Straßenbild		Angebot an nieder- gelassenen Ärzten			

Quelle: LHM 2002b, S.205

Dabei eignen sich nicht alle Aspekte der Wohnumgebung für eine Kartierung, wie zum Beispiel die Zusammensetzung der Bewohner. Einige lassen sich auch auf anderem Weg besser erfassen. Die Lage der Wohnung wird nicht nur durch die Beschreibung der geographischen Lage der Theresienhöhe in der Stadt charakterisiert. Auch die Erreichbarkeit mit dem öffentlichen Nahverkehr spielt für die Lage einer Wohnung eine bedeutende Rolle. Daher werden auch Haltestellen des öffentlichen Nahverkehrs aufgenommen.

Aussagen über Grün- und Freiflächen sowie über Gebäude und Straßenbild lassen sich aus der Literaturrecherche entwickeln.

Das Angebot an niedergelassenen Ärzten auf Bezirksebene ist im statistischen Jahrbuch der Stadt München aufgeführt.

Die für eine Kartierung geeigneten Dimensionen der Wohnumgebung in Tabelle 4 lassen sich aufteilen in Aspekte, die an ein Gebäude gebunden sind, und Aspekte, die im Freien liegen. Daher findet die Kartierung der Theresienhöhe in zwei Durchgängen statt und beschränkt sich auf Gebäude und Flächen innerhalb der Grenzen des neubeplanten Gebiets. Die erste Phase der Erhebung beschäftigt sich mit der Gebäudenutzung. Im zweiten Schritt liegt der Fokus auf Angebote im Freien. Die Nutzungen werden dabei in Anlehnung an die Dimensionen der Wohnumgebung in Kategorien eingeteilt. Unterschieden wird in Einzelhandel, Dienstleistungen und soziale und Verkehrsinfrastruktur. Außerdem wird das Thema Verkehrssicherheit mit einer Erfassung der aktuellen Baustellen konkretisiert.

Anschließend erfolgt eine Aufbereitung und Visualisierung der Ergebnisse mit der Geoinformationssoftware ArcGIS. Auf Grundlage der Baublock- und Gebäudekarte der Stadt München werden die Ergebnisse aller erhobenen Dimensionen geokodiert und in Karten dargestellt.

3.2 Haushaltsbefragung

Die Befragung gilt in der empirischen Sozialforschung als „Standardinstrument bei der Ermittlung von Fakten, Wissen, Meinungen, Einstellungen oder Bewertungen" (SCHNELL 1999, S.299). Da es Ziel der Untersuchung ist, Informationen über die Bevölkerungszusammensetzung der Bewohner des Quartiers Theresienhöhe, ihre Umzugsgründe, ihre nachbarschaftlichen Kontakte sowie ihre Identifikation und Zufriedenheit mit dem Quartier zu erhalten, wird eine standardisierte Haushaltsbefragung als Erhebungsmethode ausgewählt. Die Standardisierung des Interviews verfolgt das Ziel, für jede Befragung die gleiche Interviewersituation zu schaffen, so dass die Informationen vergleichbar sind und statistisch ausgewertet werden können. Gegenüber dem qualitativen Interview hat die standardisierte Befragung den Nachteil, dass der Befragte einen sehr begrenzten Antwortspielraum hat. Hintergründe oder Zusammenhänge, die der Fragebogen nicht berücksichtigt, können mit dieser Erhebungsmethode auch nicht erfasst werden (vgl. a.a.O., S.301,355).

Im Rahmen der Haushaltsbefragung werden ausschließlich Personen befragt, die im neu entstandenen Wohnungsbau des Quartiers Theresienhöhe wohnen. So ist sichergestellt, dass jeder Befragte auch Bewohner der Theresienhöhe ist. Dabei ist anzumerken, dass mit dieser Befragung Meinungen und Einschätzungen zur Theresienhöhe aus Sicht der Einwohner anliegender Stadtviertel nicht erfasst werden. Eine Untersuchung zur Akzeptanz der Theresienhöhe in den anliegenden Vierteln ist an dieser Stelle vor allem aus zeitlichen Gründen nicht möglich. Für eine ganzheitliche Beurteilung der Entwicklungen auf der Theresienhöhe empfiehlt es sich, in weiterführenden Analysen die Haushalte anliegender Stadtviertel mit einzubeziehen.

Bei einer standardisierten Haushaltsbefragung ist neben einer mündlichen Befragung ebenfalls eine schriftliche Erhebung möglich. Vorteil einer schriftlichen Befragung ist ein geringerer Zeitaufwand, da der Fragebogen abgegeben oder abgeschickt werden kann und die zu befragende Person den Fragebogen selbst ausfüllt. Daher ist ein persönliches Antreffen des Interviewpartners nicht unbedingt nötig. Eine mündliche Befragung bedeutet einen höheren zeitlichen Aufwand, da der Interviewer die Befragung mit dem Befragten durchführt. Bei einer schriftlichen oder postalischen Erhebung ist aber mit einer höheren Ausfallquote zu rechnen. Da durch eine persönliche Befragung der Rücklauf erhöht werden kann, wird diese Methode trotz des erhöhten persönlichen und zeitlichen Aufwands gewählt. Außerdem ist es so auch besser möglich, zu kontrollieren, von wem und in welcher Erhebungssituation die Fragen beantwortet werden (vgl. a.a.O, S.336f).

3.2.1 Entwicklung des Fragebogens

Mit Hilfe des Fragebogens werden in mehreren Fragenblöcken verschiedene Aspekte des Wohnens auf der Theresienhöhe erfasst (Anhang I). Ein Teil der Fragen beschäftigt sich mit Umzugsgründen und den Herkunftsräumen der Haushalte. Ziel ist, Erkenntnisse über Motive für den Zuzug und die Wohnstandortwahl der Bewohner zu gewinnen.

Eine Bewertung der neuen Wohnung und Wohnumgebung durch die Bewohner erfolgt in Fragen zur Zufriedenheit mit verschiedenen Dimensionen des Wohnens. Die Untersuchung von Wohnwünschen und von Zufriedenheit mit der Wohnung und Wohnumgebung anhand von Umfragen ist in der Wissenschaft Kritik ausgesetzt. Zufriedenheit ist das Ergebnis eines Vergleichs zwischen der Wirklichkeit und den Erwartungen. Dabei orientieren sich Angehörige verschiedener sozialer Gruppen nicht am durchschnittlichen Standard der deutschen Gesellschaft, sondern vergleichen ihre Lage mit dem Standard ihrer eigenen Gruppe. Darüber hinaus imitieren Angehörige unterer sozialer Schichten nach außen hin das Verhalten der Mittelschicht (vgl. HÄUSSERMANN 1996, S.218f). Bei Fragen nach der Zufriedenheit und nach Wohnwünschen werden also unterschiedliche Standards angelegt, die teilweise nicht der eigenen Situation angemessen sind. Um Einwände, die Zufriedenheitsanalysen entgegengebracht werden, entgegenzuwirken, wird auch konkret danach gefragt, was die Bewohner im Gegensatz zu ihrer alten Wohnung vermissen. Außerdem haben die Befragten die Möglichkeit, Störfaktoren und Verbesserungsvorschläge zu nennen.

Die Intensität der nachbarschaftlichen Kontakte sowie die Identifikation der Bewohner mit der Theresienhöhe und die Integration des Quartiers in anliegende Stadtviertel wird in einem weiteren Fragenblock behandelt. Dabei dienen Lieblingsplätze und Wahrzeichen im Quartier, die von den Befragten genannt werden, als Indikatoren für die Identifikation der Befragten mit ihrem Wohnumfeld.

Am Ende des Fragebogens werden Daten zur Wohnung und zu allen Haushaltsmitgliedern erfasst. Mit Hilfe dieser Fragen wird die Bevölkerungs- und Haushaltsstruktur untersucht. Außerdem bilden die Fragen zur Wohnung die Grundlage für eine Untersuchung der Wohnungsteilmärkte nach der Finanzierungsart der Wohnungen.

Die Fragen zu Umzugsgründen, zur Intensität von nachbarschaftlichen Kontakten und zur Zufriedenheit mit Aspekten des Wohnens werden in Anlehnung an vergleichbare Fragen in der Münchner Bürgerbefragung 2000 entwickelt. So können die Ergebnisse in einen gesamtstädtischen Kontext eingeordnet werden.

Im Rahmen der Entwicklung des Fragebogens wird ein Pretest durchgeführt, um das Erhebungsinstrument auf Schwachstellen zu prüfen. Im Anschluss erfolgt eine Überarbeitung des

Fragebogens. Erfahrungen aus dem Pretest, zum Beispiel die durchschnittliche Dauer zur Durchführung eines Interviews, können auch für die Planung der Erhebung genutzt werden.

3.2.2 Vorgehen bei der Befragung

Die Grundgesamtheit der Befragung bilden alle Haushalte, die im Quartier Theresienhöhe wohnen. Um die Anzahl dieser Haushalte zu erfassen, werden mittels einer Kartierung alle Klingelschilder adressgenau (Straße und Hausnummer) erfasst.

Ein zentrales Merkmal für die Untersuchung ist die Finanzierungsart der Wohnung. Im Konzept Theresienhöhe bildet die Verteilung in freifinanzierte und geförderte Wohnungen eine wichtige Grundlage, um für verschiedene Bevölkerungsgruppen Wohnraum zu schaffen. Dabei teilen sich die geförderten Wohnungen auf in sozial geförderte Wohnungen und Wohnungen des München Modells.

Haushalte, deren Einkommen eine bestimmte Grenze nach Wohnraumförderungsgesetz nicht überschreitet, haben das Recht auf eine Sozialwohnung. Sie werden anhand eines Kriterien- und Punktekatalogs in Dringlichkeitsstufen eingeteilt und erhalten nach einer gewissen Wartezeit eine mietpreisgebundene Wohnung (vgl. LHM 2004a, S.39,50). Neben diesem ersten Förderweg können seit 1994 Haushalte über den dritten Förderweg der Einkommensorientierten Förderung (EOF) gefördert werden. Dabei kann das Einkommen die Sozialwohnungsberechtigungsgrenze um bis zu 60% übersteigen. Mit Hilfe einer Grundförderung durch den Freistaat Bayern an den Bauherrn werden die Mietkosten auf die untere Grenze der ortsüblichen Miete gesenkt. Zusätzlich erhält der Mieter vom Freistaat Bayern eine „einkommensabhängige Zusatzförderung (Subjektförderung)" (a.a.O., S.41), solange er die Wohnung belegen darf. Im Folgenden wird der Wohnungsteilmarkt, der diese beiden Förderwege umfasst, als „sozialer Wohnungsbau" oder „sozial geförderter Wohnungsteilmarkt" bezeichnet.

Auch Wohnungsangebote des München Modells richten sich an Haushalte, die über ein Einkommen verfügen, dass die Einkommensgrenze des Wohnraumförderungsgesetzes (§9 WoFG) maximal um 60% überschreitet (vgl. LHM 2005b, o.S.). Um mit dem München Modell vor allem Familien mit Kindern zu fördern, erhalten Haushalte mit mehr als einem Kind einen zusätzlichen Einkommensfreibetrag. Außerdem ist das Angebot zum einen für Haushalte gedacht, die bereits in München oder dem Umland wohnen. Zum anderen unterstützt es die vielen Berufspendler, die außerhalb wohnen, aber in München ihren Arbeitsplatz haben. Die Stadt stellt städtische Baugrundstücke zu festen, Lage unabhängigen Preisen bereit. Ziel ist es, innerstädtisch Wohnungen anzubieten, deren Preise mit denen im Umland vergleichbar sind (vgl. LHM 2005c, o.S.). Wohnungen des München Modells werden sowohl im Eigentums- als auch im Mietwohnungsmarkt geschaffen.

3 Methodik und Vorgehensweise

Ebenfalls arbeitsplatzgebunden sind die Wohnungen des Wohnungsbauunternehmens Stadibau GmbH. Das Unternehmen stellt Wohnungen für Bedienstete des Freistaates Bayern zur Verfügung. Stadibau-Wohnungen und Wohnungen des München Modells werden wie in den Dokumenten der Stadt München im Folgenden nicht getrennt betrachtet.

Mit Hilfe von Informationen des Referats für Stadtplanung und Bauordnung und weiterer Recherchen vor Ort kann eine Verteilung der Haushalte auf die Finanzierungsarten aufgestellt werden. Daher bietet es sich an, eine geschichtete Zufallsauswahl mit dem Merkmal „Finanzierungsart der Wohnung" zu treffen. Ziel ist eine proportionalgeschichtete Stichprobe mit insgesamt 200 durchgeführten Interviews.

In den meisten Fällen können den Finanzierungsarten Wohnhäuser zugeordnet werden. Es ist also möglich, festzustellen, in welchem Haus die Wohnungen wie finanziert werden. In zwei Fällen liegt die Information, zu welchen Anteilen die Wohnungen freifinanziert oder gefördert sind, nur auf Baublockebene vor. Innerhalb der Schichten werden Wohnhäuser ausgewählt, deren Haushalte voll erhoben werden sollen. Um die Bereitschaft zur Befragung zu erhöhen und damit die Verweigererquote zu senken, werden die Bewohner der Theresienhöhe einige Tage vor der Erhebung mittels Aushängen im Quartier und einer Anzeige im lokalen Stadtteilblatt „Westendanzeiger" informiert. Die Haushalte der ausgewählten Häuser erhalten zusätzlich eine Ankündigung einige Tage vor der Befragung mit Befragungszeitraum, -uhrzeit, Grund der Befragung und die Möglichkeit, vorweg einen Termin zu vereinbaren. Diese Ankündigung erhalten insgesamt 400 Haushalte.

Befragt wird an allen Wochentagen in einem Zeitraum von drei Wochen im Juli 2005. Um auch Berufstätige anzutreffen, wird im Zeitraum von 16 Uhr bis 20 Uhr befragt, am Wochenende bereits ab 14 Uhr. Da diese Zeitspanne sehr begrenzt ist und pro Fragebogen zehn bis 15 Minuten eingeplant werden müssen, werden zur Unterstützung einige Interviewer hinzugezogen. Da es sich um einen standardisierten Fragebogen handelt, ist dies nach einer detaillierten Interviewerschulung möglich.

Pro Haushalt wird eine erwachsene Person befragt. Da die Haushalte die Untersuchungseinheiten bilden, wird unter den erwachsenen Haushaltsmitgliedern keine weitere Zufallsauswahl getroffen. Außerdem werden im Fragebogen Angaben zu allen Haushaltsmitgliedern erfasst. Ist bei einem Haushalt niemand zu Hause, wird mindestens noch ein zweites Mal an einem anderen Tag versucht, eine Person zu erreichen. Hat in einem Haushalt gerade niemand Zeit, an der Befragung teilzunehmen, gibt es die Möglichkeit, einen Befragungstermin zu vereinbaren. Will ein Haushalt nicht an der Befragung teilnehmen, wird er als „Verweigerer" aufgenommen und nicht ein weiteres Mal aufgesucht. Insgesamt verweigern 32 Haushalte die Teilnahme an der Untersuchung.

Als Problem stellt sich bei der Befragung heraus, dass viele informierte Haushalte, vor allem in der freifinanzierten Schicht, nicht erreicht werden können. Daher werden so lange Haushalte befragt, bis die angestrebte Zahl an freifinanzierten Haushalten erreicht ist (Tabelle 5).

Tabelle 5: geplante und durchgeführte Interviews

Wohnungen bewohnt	Anzahl	in %	Zielzahl Interviews gerundet	durchgeführte Interviews
freifinanzierte Wohnungen	511	61,9	124	124
München Modell & Stadibau Wohnungen	167	20,2	40	50
Sozial geförderte Wohnungen	148	17,9	36	36
Summe	826	100,0	200	210

Quelle: eigene Tabelle

Da aber die Finanzierungsarten nicht wohnungsgenau zugeordnet werden können, werden bei der verstärkten Suche nach freifinanzierten Haushalten zusätzlich noch einige Haushalte in München Modell Wohnungen befragt. Daher wird das angestrebte Erhebungsziel nicht ganz erfüllt. Bei den Haushalten des München Modells liegt ein Überschuss von 10 Interviews vor.

3.2.3 Vorgehen bei der Auswertung der Ergebnisse

Um die Aussagen nicht zu verzerren, werden die Interviews nach der Finanzierungsart gewichtet. Mit einer Gewichtung kann erreicht werden, dass das Profil der gewichteten Stichprobe dem Profil der Grundgesamtheit ähnlicher ist, als im ungewichteten Fall (vgl. GABLER 1994, S.77). Die Gewichtungsfaktoren errechnen sich mit Hilfe der Formeln, die in Tabelle 6 abgebildet sind.

Tabelle 6: Berechnung der Gewichtungsfaktoren

Gewichtungsfaktor für Haushalte...	Formel
...freifinanzierter Wohnungen	Wohnungen freifinanziert * Interviews gesamt / Interviews freifinanziert * Wohnungen gesamt
...sozial geförderter Wohnungen	Wohnungen sozial * Interviews gesamt / Interviews sozial * Wohnungen gesamt
...in München Modell & Stadibau Wohnungen	Wohnungen München Modell/Stadibau * Interviews gesamt / Interviews München Modell/Stadibau * Wohnungen gesamt

Quelle: eigene Tabelle, abgleitet von GABLER 1994, S.78

Die Daten werden in das Datenanalysesystem SPSS eingegeben und anschließend kontrolliert. Für offen gestellte Fragen werden vor Beginn der Auswertung Kategorien gebildet. Auch einige geschlossene Fragen werden kategorisiert. Vor allem bei demographischen und haushaltsbezogenen Variablen bilden die Vorgaben des statistischen Amtes der Stadt

München die Grundlage für die Kategorienbildung[2]. Auch die Auswertung der Münchner Bürgerbefragung 2000 orientiert sich an diesen Kategorien. Die Auswertung erfolgt ebenfalls mittels SPSS. Um Beziehungen zwischen Variablen festzustellen, werden Zusammenhangsmaße berechnet. In der vorliegenden Untersuchung interessiert vor allem, welche Konstellationen sich aus den verschiedenen Finanzierungsarten ergeben. Außerdem werden die Ergebnisse der Befragung auf Unterschiede in verschiedenen Haushaltsformen hin untersucht. Beide Variablen, Haushaltsformen und Finanzierungsarten, sind nominalskaliert. Daher wird als Zusammenhangsmaß der Kontingenzkoeffizient nach Pearson bestimmt (vgl. BAHRENBERG 1999, S.211). Ein signifikanter Zusammenhang wird dann festgestellt, wenn der Kontingenzkoeffizient mindestens 0,3 beträgt bei einem Standardfehler unter 0,01. Darüber hinaus werden Tendenzen aufgezeigt und interpretiert.

Bei der Auswertung stellt sich eine Frage als nicht verwertbar heraus. Die Frage nach den Kosten der Wohnung (Frage 21) wird zum einen von vielen nicht beantwortet. Außerdem geben Wohneigentümer unterschiedliche Größen an. Entweder nennen sie nur ihre Nebenkosten oder aber ihre Belastungen durch Kreditrückzahlungen. Auch die Haushalte in Wohnungen des sozialen Wohnungsbaus geben unterschiedliche Werte an. Einige nennen die komplette Miete, andere ziehen die Zusatzförderung nach dem dritten Förderweg von der Miete ab. Es stellt sich heraus, dass die Frage nicht präzise genug formuliert ist, um verwertbare Antworten zu erhalten. Daher wird diese Frage von der Auswertung ausgenommen.

Mit der Beschreibung des Quartiers Theresienhöhe und der Haushaltsbefragung soll herausgefunden werden, wie sich die Dinge auf dem alten Messegelände bisher entwickelt haben und inwieweit die Ziele des Konzepts bisher umgesetzt wurden. Im Folgenden werden die Ergebnisse der Untersuchung dargestellt.

---

[2] Vgl. hierzu LHM o.J.: Metadaten Privathaushalte. Online im Internet.

4 Ergebnisse der Untersuchung   bis Seite 60

Die Darstellung der Ergebnisse erfolgt in zwei Teilen. Erst werden das Quartier Theresienhöhe und seine Umgebung näher beleuchtet. Anschließend liegt der Fokus auf den Ergebnissen der Haushaltsbefragung. Die verschiedenen Fragenblöcke der Leitfrage und die formulierten Hypothesen bilden die Grundlage für den Aufbau der folgenden Kapitel.

4.1 Die Theresienhöhe und ihre Umgebung

Das neue Quartier Theresienhöhe liegt am Rand der Innenstadt, umgeben von den gewachsenen, dicht besiedelten Stadtteilen aus der Jahrhundertwende Schwanthalerhöhe und Sendling (Abbildung 7). Die Charakterisierung der anliegenden Stadtviertel soll einen Rahmen aufzeigen, in welchen die Entwicklungen auf der Theresienhöhe eingeordnet werden können.

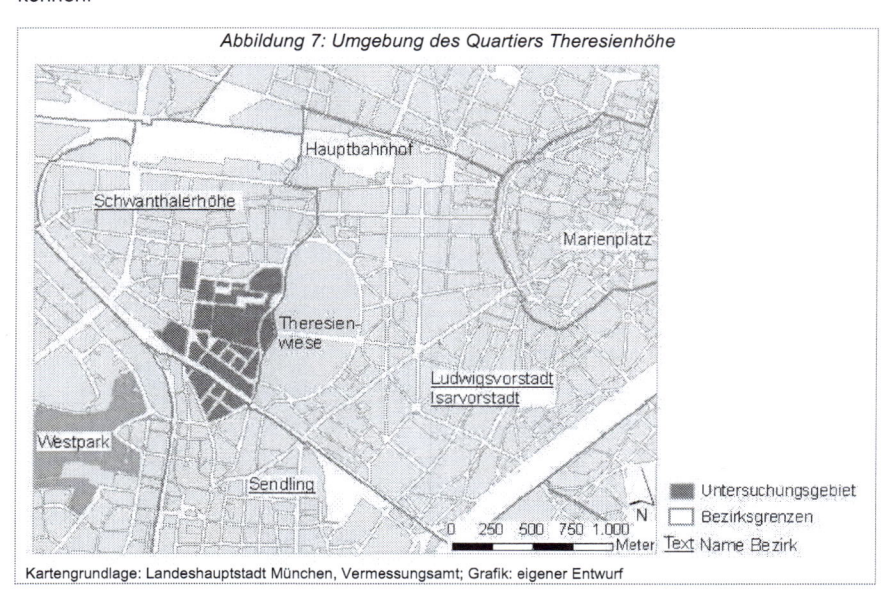

Abbildung 7: Umgebung des Quartiers Theresienhöhe

Kartengrundlage: Landeshauptstadt München, Vermessungsamt; Grafik: eigener Entwurf

Aufbauend auf die Beschreibung der angrenzenden Stadtviertel folgt eine Darstellung des Untersuchungsgebiets.

4.1.1 Die Schwanthalerhöhe – altes Arbeiterviertel mit Flair

Das Areal des ehemaligen Messegeländes bildet den östlichen Teil des Bezirks Schwanthalerhöhe. Als Westend wird der Teil des Bezirks bezeichnet, der westlich des alten Messegeländes liegt. Der Bezirk Schwanthalerhöhe schließt als westlicher Randbereich die Münchner

Innenstadt ab. Im Osten ist die Schwanthalerhöhe durch die Theresienwiese begrenzt, die als Veranstaltungsort des Oktoberfests berühmt ist. Im Süden, Norden und Westen wird der Bezirk von Bahnlinien eingerahmt. Aufgrund der ehemaligen Funktion als Messestandort weist dieser Bezirk eine gute Straßenverkehrsanbindung auf. Außerdem verlaufen die U-Bahnlinien U4 und U5 durch den Innenstadtrandbezirk (vgl. LHM 2005d, o.S.).

Das Westend entwickelte sich mit dem Beginn der Industrialisierung, als sich ab 1850 Fabriken und Brauereien auf der Isarniederterrasse ansiedelten. Es entstand ein gründerzeitliches Handwerker- und Arbeiterviertel mit hochverdichteter Blockbebauung. Fast die Hälfte des heutigen Wohnungsbestandes stammt aus der Zeit vor 1919. Der genossenschaftliche Wohnungsbau aus der Zeit um 1900 dominiert das Stadtbild im Westend (vgl. LHM 2005e, S.64f).

Seit 1978 finden im Westend Sanierungsmaßnahmen statt. Auslöser waren der schlechte Zustand von Gebäuden und Wohnungen, der Mangel an Grünflächen und sehr hohe Bebauungsdichten sowie hohe Belastungen durch Autoverkehr (vgl. MGS 2001, o.S.). Im Rahmen einer behutsamen Stadtsanierung werden schrittweise Mängel beseitigt, ohne gewachsene Strukturen und die Tradition des Viertels zu zerstören. Inzwischen sind die Sanierungsmaßnahmen im Westend weitgehend abgeschlossen und haben die Lebensqualität in diesem Stadtteil verbessert (vgl. MIOSGA 2003, S.126).

Im Gegensatz zu anderen innerstädtischen Wohngebieten führte die sichtbare städtebauliche Aufwertung des Viertels noch nicht zu einem Wegzug der angestammten Bevölkerung. Unter den Erwerbstätigen bilden immer noch die Arbeiter die größte Gruppe. Außerdem verzeichnet die Schwanthalerhöhe den höchsten Ausländeranteil unter den Münchner Stadtbezirken (vgl. LHM 2005e, S.65). Durch Abwanderung vor der Sanierung und Maßnahmen wie Hinterhofentkernung und Wohnungszusammenlegungen sank die Einwohnerzahl des Bezirks von 35.000 im Jahr 1950 auf ca. 25.000 Einwohner. Mit 207 Hektar Fläche ist das Westend ein sehr kleines Viertel Münchens. Allerdings zählt es mit 104 Einwohnern pro Hektar zu den am dicht besiedelsten Vierteln der Stadt. Der Münchner Durchschnitt liegt im Vergleich bei 42 Einwohnern pro Hektar. Neben der angestammten, meist älteren Bevölkerung und ausländischen Familien entdecken auch viele Studenten das attraktive großstädtische Flair des Viertels. Immer mehr Szenenkneipen, kleine Agenturen und Galerien suchen „das kreative multikulturelle Umfeld" (MIOSGA 2003, S.126). Nach dem Mietspiegel für München 2005 handelt es sich im Westend um eine durchschnittliche Wohnlage[3]. Um die Wohnlagen zu bewerten, werden vier Stufen gebildet, die in Tabelle 7 definiert sind.

---

[3] Die Ermittlung der Wohnlage erfolgt online im Internet über das Stadtplanprogramm unter http://www.mietspiegel-muenchen.de.

4 Ergebnisse der Untersuchung

	Tabelle 7: Wohnlagendefinition des Mietspiegel für München 2005
einfache Lage	Abgelegene Gebiete mit unzureichender Infrastruktur (= Einkaufsmöglichkeiten, Dienstleistungsangebote, schulische, soziale, sportliche, kulturelle Einrichtungen, Verkehrsanbindung, Grünanlagen, Baumbestand) und/oder ihre Nähe zu größeren Gewerbegebieten und Industriegebieten, Entsorgungs- und militärischen Anlagen geprägte Wohngebiete
durchschnittliche Lage	Gebiete ohne die Mängel der einfachen und die Vorzüge der guten Lage.
gute Lage	Traditionell gefragte Innenstadt- und Innenstadtrandlagen mit überwiegend gewachsener Gebietsstruktur und überdurchschnittlichem Anteil denkmalgeschützter Gebäude, urbane "In-Viertel", ruhige Wohngegenden mit Gartenstadtcharakter, ausreichender bis guter Infrastruktur und positivem Image
beste Lage	Besonders imageträchtige Innenstadtrandlagen und Villengegenden
Quelle: LHM 2005f - Stadtplanprogramm, Wohnlagendefinition.	

Die Wohnungsmieten (nettokalt) liegen zwischen 7,50 EUR/m² und 10,50 EUR/m². Eigentumswohnungen kosten zwischen 2.100 EUR/m² und 3.480 EUR/m² (vgl. RUDOLPH MÜLLER GMBH o.J.a ,o.S.)[4].

Mit der Sanierung des Stadtteils hat sich auch die Wirtschaftsstruktur verändert. Gehörten die Arbeitsplätze früher überwiegend zum produzierenden Gewerbe, verteilen sich die Arbeitsplätze inzwischen fast zu zwei Drittel auf die Bereiche Dienstleistung, Handel und öffentliche Verwaltung. Neben den Angeboten zur Deckung des täglichen Bedarfs im Westend bildet ein Teil des Viertels im Nordosten des Bezirks einen „Brückenkopf zur City" (POHL 1987, S.307). In den 70er Jahren entstand hier auf dem Gelände des Hackerkellers und Pschorrkellers (Bierkeller wurden im Citybereich zunehmend unwirtschaftlich) ein Komplex mit überregionalem Dienstleistungs- und Konsumgüterangebot. Auf dem früheren Areal der Metzeler Gummifabrik an der Trappentreustraße, die einst Hauptarbeitgeber des Viertels war, entstanden in den 80er Jahren das Münchner Technologiezentrum und der Gewerbehof Westend (vgl. LHM 2005e, S.64f). An den Rändern des Bezirks werden große Neubauvorhaben verwirklicht. Entlang der Bahnlinie zum Ostbahnhof entstanden attraktive Bürogebäude, in denen sich beispielsweise das Europäische Patentamt angesiedelt hat. Im Rahmen der Stadtentwicklungspläne für den Bereich Hauptbahnhof-Laim-Pasing werden auch Gebiete im Norden des Bezirks Schwanthalerhöhe neu gestaltet. Mit der Nachnutzung des alten Messegeländes im Osten ist das behutsam sanierte Westend von groß angelegten Neuentwicklungen umgeben (vgl. MIOSGA 2003, S.126f).

4.1.2 Sendling – Traditionsviertel im Wandel

Im Süden schließt an das Gebiet der Theresienhöhe der Bezirk Sendling an. Das ehemalige Dorf wurde 1877 eingemeindet. Im Westen grenzt die S-Bahnstrecke an den Bezirk, im Osten bildet die Isar mit den Isarauen und den Flaucheranlagen die Grenze des Stadtteils. Der

---

[4] Zum Vergleich: Der Münchner Durchschnitt liegt bei Wiedervermietungsmieten (nettokalt) um 10,75EUR/m², bei mittleren Bestandsmieten bei 7,15EUR/m². Durchschnittliche Eigentumswohnungspreise (Bestand) erreichen in München über 2.500 EUR/m², im Neubau über 3.500 EUR/m² (vgl. LHM 2004a, S.28,36).

Mittlere Ring durchquert den Stadtbezirk in Ost-West-Richtung. Parkplätze sind nur zufällig zu finden (vgl. RUDOLPH MÜLLER GMBH o.J.b ,o.S.). Mit öffentlichen Verkehrsmitteln ist Sendling sowohl durch die Linien S7, U3 und U6 zu erreichen. Auf einer Fläche von 394 Hektar leben im Stadtbezirk Sendling ca. 35.000 Menschen. Mit 89 Einwohnern pro Hektar liegt die Einwohnerdichte unter dem Wert der Schwanthalerhöhe, aber über dem Münchner Durchschnitt.

Wie im Westend siedelten sich entlang der Bahnstrecke in der zweiten Hälfte des 19. Jahrhunderts Gewerbe und Industriebetriebe an. Es entwickelten sich auch hier Wohnungsbaugenossenschaften, die groß angelegte Wohnsiedlungen für Arbeiter bauten (vgl. LHM 2005e, S.50f).

Eine Mischung aus frei stehenden mehrgeschossigen Gebäuden und alten Mietshausblöcken mit Innenhöfen prägen heute weitgehend das Stadtbild. Mehr als ein Drittel der Wohnungen wurde vor 1919 oder in der Zwischenkriegszeit erbaut. In der nördlichen Bezirkshälfte überwiegt dichte Wohnbebauung. Ein Ausgleich dafür bilden die Grün- und Freiflächen im Süden des Bezirks (vgl. RUDOLPH MÜLLER GMBH o.J.b, o.S.).

Das Großmarkthallengelände bestimmt das Bild des östlichen Teils des Bezirkes und bildet den Mittelpunkt des wirtschaftlichen Lebens im Stadtteil. 1912 wurde sie auf einem Areal von 47.000 m² eröffnet. Heute umfasst dieses Gebiet 310.000 m² und ist nach Paris und Mailand der drittgrößte Umschlagsplatz für Obst und Gemüse in Europa. Hier schlagen täglich 270 Import- und Großhandelsfirmen 140 verschiedene Warengattungen aus 83 Ländern um (vgl. LHM 2005g, o.S.). Die Straßen sind von den frühen Morgen bis in die Nacht hinein belebt. Von den Arbeitsplätzen im Viertel entfällt ca. ein Fünftel auf Handelsunternehmen, viele davon sind im Großhandel tätig. Wie auch im Westend hat der Dienstleistungsbereich gegenüber dem verarbeitenden Gewerbe an Bedeutung gewonnen (vgl. LHM 2005e, S.50f).

Die Bewohner- und Haushaltsstruktur des Bezirks Sendling zeichnet sich durch einen überdurchschnittlich hohen Ausländeranteil und einen hohen Anteil an Einpersonenhaushalten aus. Außerdem deutet sich ein Wandel in der Zusammensetzung der Bewohner im Stadtbezirk an. Immer mehr jüngerer Haushalte mit höheren Bildungsabschlüssen ziehen nach Sendling. Unter den Berufstätigen dominieren die Angestellten, der Arbeiteranteil umfasst nur noch etwa ein Drittel (vgl. LHM 2005h, o.S.). Nach dem Münchner Mietspiegel handelt es sich weitgehend um durchschnittliche Wohnlagen. Die Kaltmieten liegen zwischen 7,50 EUR/m² und 8,60 EUR/m², Tendenz steigend. Eigentumswohnungen kosten in Sendling zwischen 2.700 EUR/m² und 3.700 EUR/m² (vgl. RUDOLPH MÜLLER GMBH o.J.b, o.S.)

Wo bereits Sanierungsmaßnahmen eingesetzt haben, wird eine Aufwertung und Qualitätssteigerung der Wohnlage bewirkt. Es besteht aber die Gefahr der Vertreibung der angestammten Bevölkerung durch eine Erhöhung der Mietpreise, was die angesprochene

Veränderung der Bevölkerungszusammensetzung im Viertel bereits andeutet (vgl. LHM 2005e, S.51).

4.1.3 Das Untersuchungsgebiet Theresienhöhe   bis S. 6C

Zwischen zwei traditionellen Arbeitervierteln, die sich beide im Moment in einem Aufwertungsprozess befinden, entsteht oberhalb der Theresienwiese ein neues Quartier auf einem Areal, das lange Zeit nicht öffentlich zugänglich war.

In einer Mischung aus Kern- und Wohngebieten werden rund 4.000 bis 5.000 Arbeitsplätze und 1.400 Wohnungen verwirklicht (LHM 2004b, S.1). Nach Baunutzungsverordnung überwiegen in Kerngebieten Flächen für Handelsbetriebe, zentrale Einrichtungen der Wirtschaft, Verwaltung und Kultur. Allgemeine Wohngebiete dienen in erster Linie dem Wohnen (vgl. C.H. BECK 2001, S.241ff). Mit Hilfe der Ergebnisse der Kartierung und den Erkenntnissen aus der Literatur zur Planung der Theresienhöhe wird im Folgenden die Wohnumgebung des Quartiers Theresienhöhe beschrieben.

4.1.3.1 Lage des Quartiers

Als Innenstadtrandgebiet befindet sich das Quartier Theresienhöhe nahe am Zentrum Münchens. Die Entfernung von der Theresienhöhe zum Hauptbahnhof beträgt zwischen einem und 1,5 Kilometern. Der Marienplatz liegt 2,5 Kilometer entfernt (LHM 2003, o.S.).

An den öffentlichen Verkehr ist das Gebiet mit zwei U-Bahnlinien und vier Buslinien angeschlossen. Da die U-Bahnlinie am nördlichen Ende des Quartiers liegt, ist sie für einige Bewohner nicht innerhalb von 500 m zu erreichen. Bushaltestellen verteilen sich gleichmäßig um das Gebiet der Theresienhöhe. Das Quartier Theresienhöhe ist also mit Haltestellen gut versorgt, der U-Bahnanschluss liegt allerdings nicht zentral für alle erreichbar (Abbildung 8).

4.1.3.2 Grün- und Freiflächen in der Wohnumgebung

Über die Lage der Wohnung hinaus tragen Grün- und Freiflächen zur Wohnqualität bei. Dabei sind nicht nur die großen, über ein Viertel hinaus bedeutenden Parks wichtig, sondern auch kleinere öffentliche Parkanlagen in Wohnquartieren. Die öffentlichen Grünflächen der Theresienhöhe sind in Abbildung 9 dargestellt. Vor allem im innerstädtischen Bereich spielen die Gestaltung der Straßenzüge und Plätze und privates Grün- und Freiflächen zwischen den Häusern eine wichtige Rolle bei der Qualität der Wohnumgebung.

Der Bavariapark wurde in den Jahren 1826 bis 1836 angelegt und ist bis heute in seiner Grundstruktur unverändert erhalten (Abbildung 9, Nr.25). Als ein grünes Zentrum der Theresienhöhe umfasst das Gartendenkmal eine Fläche von ca. 4 Hektar (vgl. AUBÖCK 2001,

S.20). Der alte Baumbestand ist eine Besonderheit des Parks (vgl. LHM 2001b, S.75). Skulpturen im Park bilden Akzente für den Besucher des Parks.

Im Südteil des Quartiers durchquert eine Bahnstrecke die Theresienhöhe. Die Bahnlinie ist im Bereich des Planungsgebiets mit einer Betonplatte überdeckt (Abbildung 9, Nr.26). Auf diesem sogenannten Bahndeckel wird eine öffentliche Freifläche entstehen. Zum Zeitpunkt der Untersuchung befindet sie sich noch im Bau (vgl. a.a.O., S.76).

An der Ganghoferstraße soll die „Esplanade" (Abbildung 9, Nr.22) Möglichkeiten zum Aufhalten für verschiedene Aktivitäten geben (vgl. a.a.O., S.72). Freiräume zwischen den Gebäuden sind weitgehend begrünt und können ebenfalls zur Wohnqualität beitragen.

Auch der Georg-Freundorfer-Platz wird im Rahmen der Bebauung der Theresienhöhe neu gestaltet (Abbildung 9, Nr.24). Dieser Platz entstand bereits in den 60er Jahren und bildet einen Treffpunkt für die Bewohner des Westends und für Passanten. Kindern bietet er Platz zum Spielen (vgl. a.a.O., S.74).

Im Osten schließt die 42 Hektar große Theresienwiese an das Gebiet der Theresienhöhe an. Über das Jahr finden auf der Freifläche verschiedene Veranstaltungen statt. Das bekannteste davon ist das Oktoberfest. Bavaria und Ruhmeshalle sind Bauwerke zwischen der Theresienwiese und dem Bavariapark, die über die Stadtgrenzen hinaus bekannt sind.

Für die Bewohner südlich des Bahndeckels ist der Westpark außerhalb des Quartiers die nächstgelegene Erholungsfläche. Eine Fußgängerbrücke erleichtert den Zugang zum dem Park. Der 72 Hektar große Westpark wurde 1983 für die Internationale Gartenbauausstellung (IGA) fertiggestellt. Der Park bietet Spielplätze, Cafés, Wasserflächen und Möglichkeiten zum Wandern (vgl. LHM 2005i, o.S.).

4.1.3.3 Gebäude und Straßenbild

Den Grün- und Freiflächen der Theresienhöhe steht eine dichte Bebauung gegenüber. In München werden unter kompakter Bauweise Dichten mit einer Geschossflächenzahl zwischen 0,9 und 2,5 verstanden (vgl. LHM 1995, S.44). Die Geschossflächenzahl beschreibt das Verhältnis der realisierten Geschossfläche zur überbauten Fläche. Das Quartier Theresienhöhe erreicht bei der Dichte der Bebauung Werte zwischen 1,5 in Wohngebieten und 2,5 in den Kerngebieten (vgl. LHM 2004b, S.1). Die Geschossflächenzahlen liegen dabei an der Obergrenze der für München üblichen Dichten kompakter Bauweise.

Die Bebauung der Theresienhöhe wurde in Einzelprojekten realisiert. Trotz verschiedener Architekten ist das Quartier dahingehend homogen, dass „Struktur und der Maßstab benachbarter Quartiere in der robusten Blockstruktur" (REISS-SCHMIDT 2001, S.117) aufgegriffen wurde.

Nördlich des Bavariaparks bildet der Wohnturm „Park Plaza" von Otto Steidle einen Akzent (Abbildung 9, innerhalb Nr.4). Außergewöhnlich ist dabei, dass sich die umliegenden Bürogebäude in ihrer Höhe in das Quartier integrieren, und sich Wohnen in einem Hochhaus konzentriert (vgl. STEIDLE 2001, S.118). Der Wohnturm ist durch seine Höhe und Gestaltung auffallend und prägt das Bild des neuen Quartiers Theresienhöhe nördlich des Bavariaparks.

4.1.3.4 Einrichtungen und Angebote im Wohnumfeld

Spielplätze für Kinder wurden sowohl im Nordteil als auch im Südteil angelegt. Die meisten Möglichkeiten zum Spielen bieten die Plätze am Georg-Freundorfer-Platz, im Bavariapark und innerhalb des Genossenschaftsblocks (Abbildung 9, Nr.11). Für Kinder wurden außer den Spielplätzen auf der Theresienhöhe einige Einrichtungen zur Betreuung geschaffen, die sich gleichmäßig über das Gebiet verteilen, was auch in Abbildung 8 verdeutlicht wird. Darüber hinaus entstand im Süden eine neue Grundschule. Für Jugendliche befindet sich in der IG Feuerwache ein Jugendzentrum (Abbildung 9, Nr.23). Sportflächen oder Sporteinrichtungen gibt es auf der Theresienhöhe selbst nicht. Der Bezirk Schwanthalerhöhe verfügt über knapp einen Hektar Sportflächen und sechs Sportanlagen (vgl. LHM 2005d, o.S.). Eine davon befindet sich auf dem neu gestalteten Georg-Freundorfer-Platz.

Im Bezirk Schwanthalerhöhe praktizieren über mehr als 40 Ärzte, Zahnärzte und Therapeuten, 14 davon sind Allgemeinärzte (vgl. a.a.O.). Bei ca. 25.000 Einwohnern im Bezirk kommen auf einen Allgemeinarzt fast 1.800 Bewohner, eine sehr hohe Zahl.

Kulturelle Einrichtungen hatte der Bezirk bisher wenig zu bieten. Im Rahmen des Baus der neuen Theresienhöhe werden die historischen Messenhallen aus den Jahren 1907/1908 umfangreich saniert und wiederhergestellt (vgl. LHM 2001b, S.53). In die Hallen zieht das Verkehrsmuseum des Deutschen Museums ein. Zum Zeitpunkt der Untersuchung ist ein Teil bereits dort (Abbildung 9, Nr.5). Der Bezirk Schwanthalerhöhe kann damit ein kulturelles Angebot von gesamtstädtischer Bedeutung bieten.

Im Rahmen des Zentrenkonzepts der Stadt München wird mit dem Bau der Theresienhöhe das bisherige „Quartierszentrum Westend/Schwanthalerhöhe" zu einem Stadtteilzentrum ausgebaut (LHM 2001c, S.29). Dafür entstehen zusätzlich zu den Geschäften im Westend im Norden der Theresienhöhe Einkaufsmöglichkeiten, Gastronomie und einige Dienstleistungen (Abbildung 8). Im Süden des Quartiers befindet sich ein Kerngebiet noch im Bau (Abbildung 9, Nr.20,21). Hier besteht die Möglichkeit, weitere Einkaufsmöglichkeiten zu schaffen, um auch den Teil südlich des Bavariaparks besser zu versorgen.

4 Ergebnisse der Untersuchung

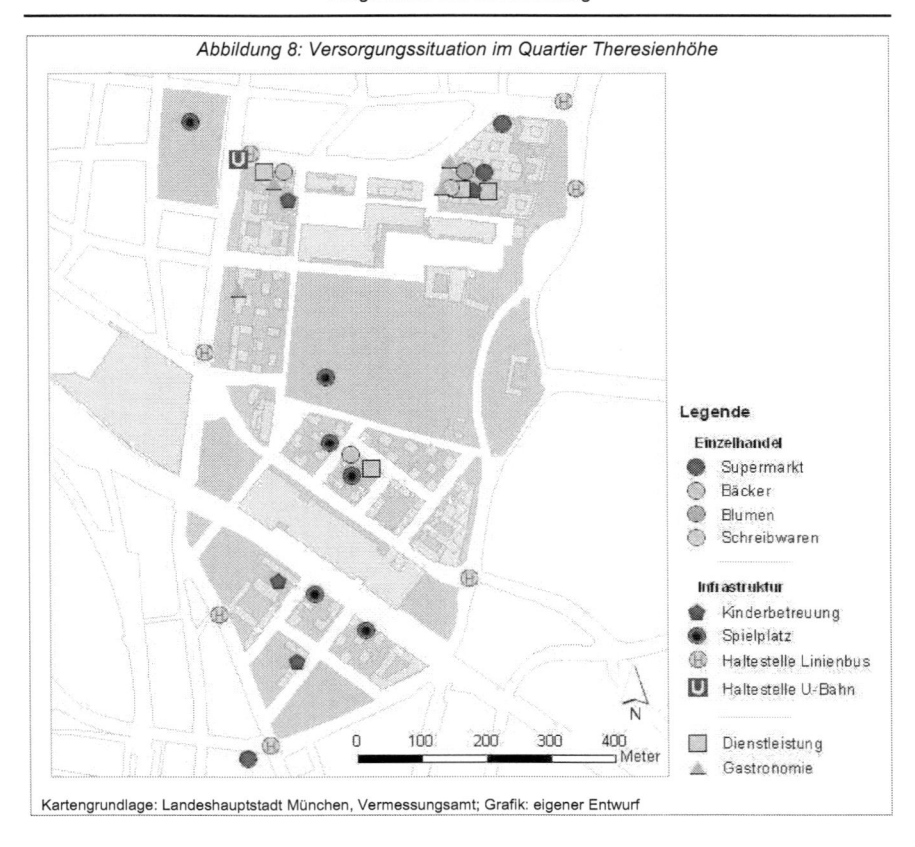

Abbildung 8: Versorgungssituation im Quartier Theresienhöhe

Legende

Einzelhandel
- Supermarkt
- Bäcker
- Blumen
- Schreibwaren

Infrastruktur
- Kinderbetreuung
- Spielplatz
- Haltestelle Linienbus
- Haltestelle U-Bahn
- Dienstleistung
- Gastronomie

Kartengrundlage: Landeshauptstadt München, Vermessungsamt; Grafik: eigener Entwurf

4.1.3.5 Münchner Mischung und Wohnungsteilmärkte

Die 1.406 Wohnungen, die auf der Theresienhöhe entstehen, setzen sich zusammen aus 53% freifinanzierten Wohnungen und 47% geförderten Wohnungen. Dabei besteht der geförderte Wohnungsteilmarkt aus 27% sozialem Wohnungsbau (1. Förderweg und einkommensorientierte Förderung) und 20% München Modell Wohnungen und Wohnungen der Stadibau GmbH. Der nicht geförderte Wohnungsteilmarkt beinhaltet 31 freifinanzierte Genossenschaftswohnungen[5]. Mit Hilfe der Münchner Mischung soll ein Nebeneinander von Wohnen und Arbeiten und eine gesunde Nachbarschaft entstehen, die sich aus verschiedenen Bevölkerungsgruppen zusammensetzt. Nördlich und westlich des Bavariaparks überwiegen deutlich die Kerngebiete mit Gebäuden für Gewerbe, Handel, Banken und Dienstleistungen. Die Wohnbebauung hat in diesem Teil nur einen geringen Anteil. Die Mischung zwischen Arbeiten und Wohnen gelingt zwar im Quartier als Ganzes, innerhalb des Gebiets Theresienhöhe ist sie nicht perfekt verwirklicht worden, was man auch in Abbildung 9

---
[5] Nach Informationen des Referats für Stadtplanung und Bauordnung, Stand: März 2005.

erkennen kann. Durch die Mischung von freifinanzierten und geförderten Wohnungen soll Wohnraum für verschiedene Bevölkerungsgruppen entstehen. Unterschiede im Einkommen der Haushalte ergeben sich zwangsläufig, da der Zugang zu den geförderten Wohnungen auf Haushalte mit mittlerem und niedrigem Einkommen beschränkt wird. Familien haben zusätzlich zu München Modell Wohnungen einen leichteren Zugang. Die freifinanzierten Wohnungen zeichnen sich durch Preise und Mieten aus, die selbst für Münchner Verhältnisse sehr hoch sind und damit auch über den Werten der angrenzenden Viertel liegen. Die Mieten erreichen bis zu 15,00 Euro/m^2, Eigentumspreise schwanken zwischen rund 4.400 Euro/m^2 und 5.400 Euro/m^2 (vgl. RUDOLPH MÜLLER GMBH 2004, S.84). Nördlich und westlich des Bavariaparks ist der Wohnungsbau ausschließlich freifinanziert. Südlich des Parks mischen sich die geförderten und freifinanzierten Wohnungsteilmärkte. Allerdings konzentrieren sich alle bereits fertiggestellten und noch geplanten sozial geförderten Wohnungen um den Bereich des Bahndeckels und südlich davon[6]. Die Wohnungsteilmärkte nach Finanzierungsart sind also über die Theresienhöhe nicht gleichmäßig gemischt (Abbildung 9).

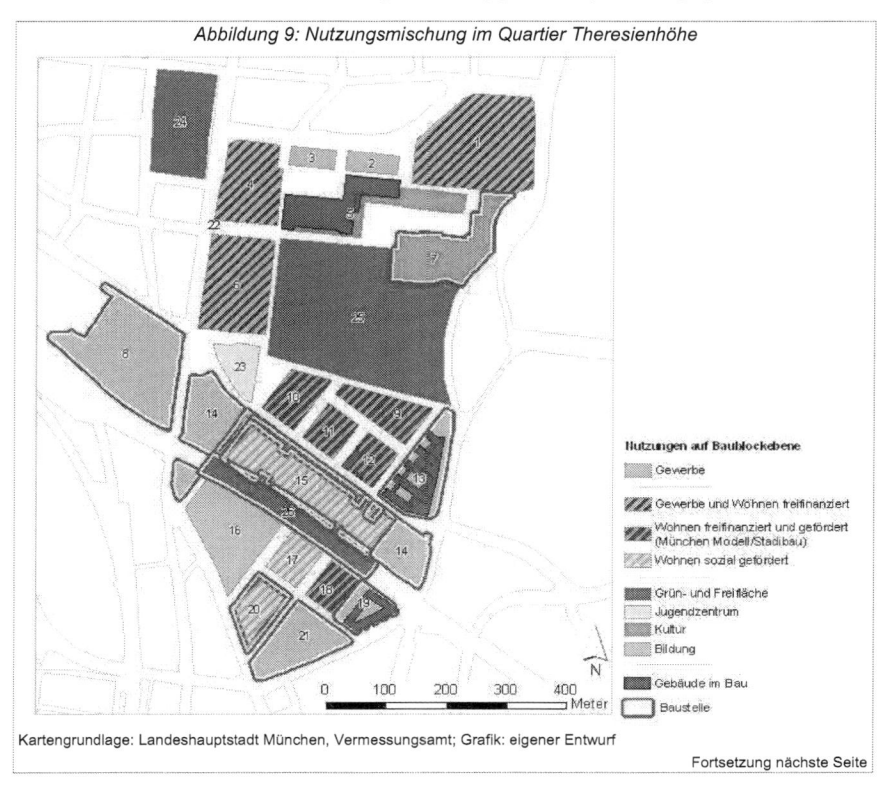

Abbildung 9: Nutzungsmischung im Quartier Theresienhöhe

Kartengrundlage: Landeshauptstadt München, Vermessungsamt; Grafik: eigener Entwurf

Fortsetzung nächste Seite

---

[6] Nach Informationen des Referats für Stadtplanung und Bauordnung, Stand: März 2005.

\multicolumn{4}{l}{*Fortsetzung Abbildung 9: Bezeichnungen der baulichen Strukturen auf Baublockebene in der Karte*}
Nr.	Bezeichnung	Nr.	Bezeichnung
1	Büro-, Geschäfts-, und Wohnkomplex "Theresie"	14	Bürokomplexe westlich und östlich der Messetiefgarage
2	Bürohaus an der Heimeranstraße	15	Wohnbebauung auf der Messetiefgarage
3	Bürohaus mit Läden an der Heimeranstraße	16	Grundschule mit Kindergarten und Hort
4	Büros, Wohnungen und Läden am Georg-Freundorfer-Platz	17	Wohnen südlich der Bahn
5	Deutsches Museum - Verkehrszentrum	18	Wohnen südlich der Bahn
6	Bürokomplex "Esplanade" und Wohnhäuser zum Bavariapark	19	Bürokomplex an der Radlkoferstraße
7	Kongresshalle	20	Wohnen, Arbeiten und Einkaufen im Süden der Theresienhöhe
8	Westend Medienfabrik	21	Wohnen, Arbeiten und Einkaufen im Süden der Theresienhöhe
9	Wohnen am Bavariapark	22	Esplanade Ganghoferstraße
10	Wohnen am Bavariapark	23	Jugendzentrum IG Feuerwache
11	Genossenschaftswohnen südlich des Bavariaparks	24	Georg-Freundorfer-Platz
12	Wohnen südlich des Bavariaparks	25	Bavariapark
13	Bürokomplex an der Theresienhöhe	26	Öffentliche Freifläche auf dem Bahndeckel

Quelle: LHM 2001b, S.45 ; eigene Bearbeitung

4.1.3.6 Verkehrssicherheit und Unfallgefahr

Die Theresienhöhe ist von großen, vielbefahrenen Straßen umgeben. Innerhalb des Quartiers sind Verkehrswege fußgänger- und radfahrerfreundlich gestaltet.

Abgesehen vom Straßenverkehr besteht durch Baustellen eine erhöhte Unfallgefahr. Abbildung 9 verdeutlicht, dass nach wie vor einige Baustellen das Bild der Theresienhöhe prägen. Die Renovierung der Messehallen im nördlichen Teil und die Bebauung des Bahndeckels und der Messetiefgarage (Abbildung 9, Nr.15) bilden die großen Baustellen im Inneren der Theresienhöhe. Die ehemalige große Messetiefgarage beherbergt neben Stellplätzen auch den Oktoberfestbauhof (vgl. LHM 2001b, S.64). Die Tiefgarage behält ihre Funktion und wird mit Wohnungen bebaut, die voraussichtlich erst 2006/2007 fertiggestellt werden. Da diese Baustellen kurze Nord-Süd-Wege versperren, bilden sie für die Bewohner eine Barriere innerhalb der Wohnumgebung.

Entlang der Außengrenzen des Quartiers befinden sich ebenfalls noch einige Baustellen. So entsteht zum Beispiel westlich der Ganghoferstraße die „Westend Medienfabrik" mit Flächen für Unternehmen der Film- und Medienbranche (Abbildung 9, Nr.8).

4.1.3.7 Fazit

Die Wohnumgebung ist nach dem Konzept „kompakt, urban, grün" entstanden. Dieses Konzept basiert auf den drei Ordnungsprinzipien der nachhaltigen Stadtentwicklung Dichte,

Mischung und Polyzentralität. Die Kartierung des Wohnumfeldes der Theresienhöhe zeigt, dass trotz der kompakten Bauweise alle Bewohner Zugang zu Grünflächen in ihrer nahen Wohnumgebung haben.

Die Mischung als Ordnungsprinzip ist für das Quartier als Ganzes im Bezug auf Arbeiten und Wohnen realisiert worden. Innerhalb der Theresienhöhe konzentrieren sich die Kerngebiete auf den Nordteil. Für eine Mischung unterschiedlicher Bevölkerungsgruppen wird mit den unterschiedlichen Finanzierungsarten der Wohnungen und den damit verbundenen Zugangsbarrieren eine Grundlage gelegt. Wie genau sich die unterschiedlichen Finanzierungsarten auf die Haushaltsstruktur auswirken, wird im folgenden Kapitel zu den Ergebnissen der Haushaltsbefragung analysiert. Eine bauliche Mischung ergibt sich aus der Realisierung in Einzelprojekten mit unterschiedlichen Bauherrn und Architekten.

Zentral gelegen und gut erreichbar ist die Theresienhöhe durch eine gute Verkehrsanbindung und das Angebot des öffentlichen Nahverkehrs. Außerdem sind einige Einrichtungen zur Kinderbetreuung und Spielmöglichkeiten für Kinder entstanden. Die Situation zur Grundversorgung ist allerdings zweigeteilt: Während sich nördlich des Bavariaparks im Rahmen eines neuen Stadtteilzentrums Einzelhandel und Gastronomie angesiedelt hat, ist der Süden zum Zeitpunkt der Untersuchung noch nicht angemessen versorgt.

Im Folgenden werden die Ergebnisse der Haushaltsbefragung dargestellt und interpretiert. Die Beschreibung des Quartiers Theresienhöhe und der anliegenden Stadtbezirke sind dabei wichtige Hintergründe, um die Antworten der befragten Haushalte im richtigen Kontext zu sehen und besser verstehen zu können.

4.2 Wohnen im Quartier Theresienhöhe - Ergebnisse der Haushaltsbefragung

Die Ergebnisse der Haushaltsbefragung werden mit Hilfe der Erkenntnisse aus den theoretischen Ansätzen und den aktuellen Forschungen interpretiert. Dabei werden die Hypothesen aus dem Kapitel 2.3 überprüft.

Um bessere Aussagen über die Ergebnisse treffen zu können, werden, wenn möglich, Vergleichszahlen der aktuellen Münchner amtlichen Statistik 2005 oder der Münchner Bürgerbefragung 2000 herangezogen.

Die folgenden Kapitel zu den Ergebnissen sind anhand der fünf Fragenblöcke gegliedert, welche die Leitfrage konkretisieren. Am Ende eines jeden Kapitels werden in einem Fazit die wichtigsten Erkenntnisse zusammengetragen.

4.2.1 Bevölkerungs- und Haushaltsstruktur im Quartier Theresienhöhe

Der erste Fragenblock, mit dem Ziele des Konzepts des Stadtentwicklungsprojekts überprüft werden, beschäftigt sich mit der Bevölkerungs- und Haushaltsstruktur:

> Wer wohnt hier?
> Welche Bevölkerungs- und Haushaltsstruktur ist entstanden?
> Wie beeinflussen die unterschiedlichen Finanzierungsarten die Bevölkerungszusammensetzung und Haushaltsstruktur?

Um aufzuzeigen, wer auf der neuen Theresienhöhe wohnt, wird zuerst die Bevölkerungszusammensetzung näher beleuchtet, anschließend bilden die Haushalte die Untersuchungsebene.

4.2.1.1 Bevölkerungszusammensetzung

Die Alterspyramide (Abbildung 10) der Bewohner befragter Haushalte zeigt, dass die Bevölkerung auf der Theresienhöhe sehr jung ist. Das Durchschnittsalter liegt bei 28 Jahren, die Hälfte der Bewohner ist unter 31 Jahre alt. Nur ca. 20% der Bewohner sind älter als 40. Kinder unter 12 Jahre machen bereits ein Viertel der Bewohner der befragten Haushalte aus.

Der Anteil der Kinder ist vor allem für ein innerstädtisches Wohngebiet sehr hoch. Die Hypothese 1 kann also nur im Bezug auf die ältere Bevölkerung bestätigt werden.

> Hypothese 1 „Es gibt auf der Theresienhöhe wenig Kinder und wenig alte Leute"

Der Vergleich zum Stadtbezirk Schwanthalerhöhe und zur Gesamtstadt München zeigt, dass sich die untersuchten Bewohner der Theresienhöhe in ihrer Alterszusammensetzung sehr von dem Bezirk und der Gesamtstadt unterscheiden. In den Altersklassen bis 45 sind die Anteile im Quartier Theresienhöhe viel größer, während die höheren Altersklassen nur sehr wenig besetzt sind (Tabelle 8).

Tabelle 8: Altersstruktur aller Mitglieder der befragten Haushalte im Vergleich zu Gesamtstadt und Bezirk

Altersklassen	Stadt München in %	Schwanthalerhöhe in %	Theresienhöhe in %
unter 6	5	5	14
6 bis unter 15	7	6	14
15 bis unter 45	45	49	60
45 bis unter 65	26	27	10
65 und älter	17	12	2

Quellen: LHM 2005e, S.67; LHM 2005j, S.23 (eigene Berechnungen); eigene Erhebung

4 Ergebnisse der Untersuchung

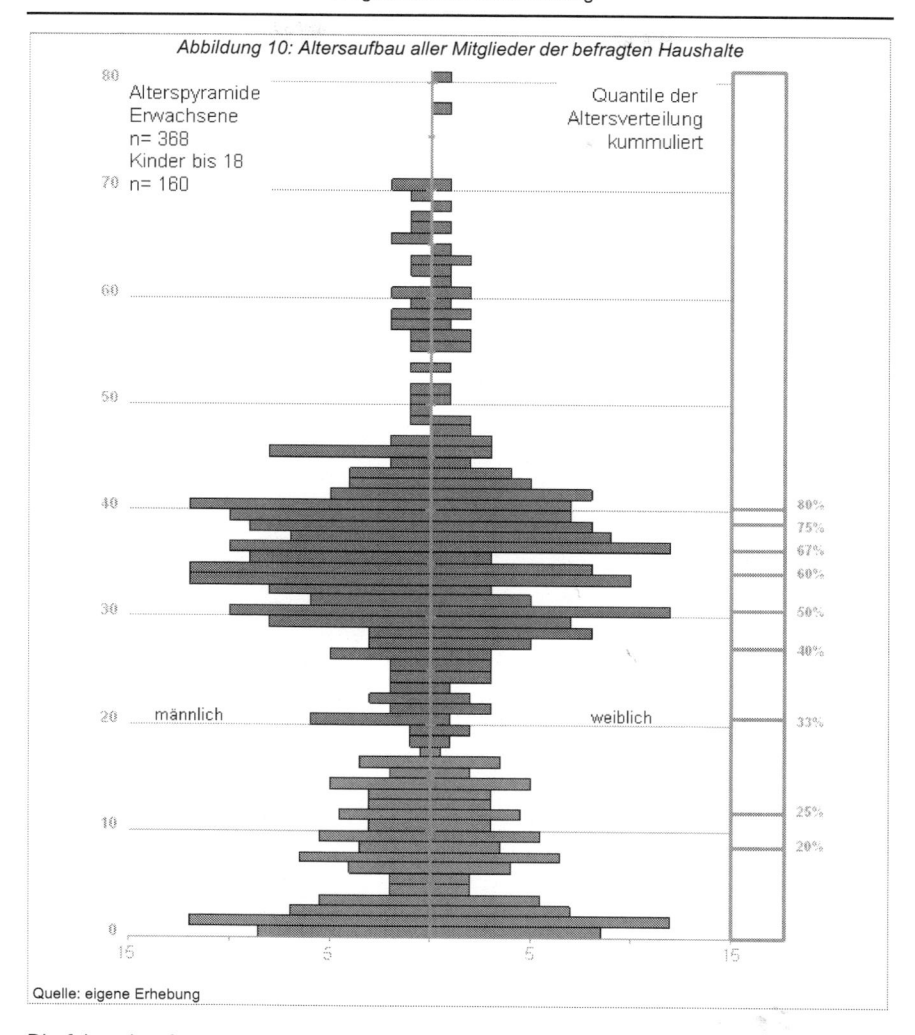

Abbildung 10: Altersaufbau aller Mitglieder der befragten Haushalte

Alterspyramide
Erwachsene
n= 368
Kinder bis 18
n= 160

Quantile der
Altersverteilung
kummuliert

männlich — weiblich

Quelle: eigene Erhebung

Die folgenden Aussagen zu Geschlecht und Nationalität der Bewohner bezieht sich auf die Personen über 18 Jahre, da diese Angaben nicht für Kinder unter 18 Jahren erfasst wurden.

Die Stichprobe umfasst 52% Männer und 48% Frauen. Über die Gesamtstadt München ist das Verhältnis genau umgekehrt: 52% der volljährigen Bewohner ist weiblich und 48% sind Männer (vgl. LHM 2005j, S.38). Grund für den leicht höheren Männeranteil unter den Befragten kann die sehr schwache Besetzung der höheren Altersklassen sein. Frauen haben eine höhere Lebenserwartung als Männer, daher ist der Anteil der Frauen im hohen Alter höher als der Anteil der Männer. Da es in der Stichprobe fast keine ältere Bevölkerung gibt, kann dies zu einer leichten Verschiebung des Geschlechterverhältnisses führen.

70% der Personen in den befragten Haushalten haben deutsche Staatsbürgerschaft. Der Ausländeranteil in der Stichprobe liegt also bei 30%. Im Vergleich zur Gesamtstadt (23%) ist er hoch. Der Bezirk Schwanthalerhöhe weist mit 38% den höchsten Ausländeranteil in München auf. Im Gegensatz dazu kennzeichnet die befragte Bevölkerung der Theresienhöhe einen niedrigeren Ausländeranteil. Personen mit ausländischer Staatsbürgerschaft stammen zu 16% aus Ost- und Südosteuropa, mit Russland und Türkei. Die Türkei, ehemaliges Jugoslawien und Griechenland sind hier die häufigsten Herkunftsländer. Auch im gesamtstädtischen Vergleich bilden diese Länder und Gebiete einen großen Teil der Herkunftsländer ausländischer Bewohner (vgl. a.a.O., S.52). Aus West- und Südwesteuropa kommen 9% der befragten Bewohner, 5% haben ihr Heimatland in Asien, 1% in Südamerika.

Ausländische Bewohner sind wichtiger Bestandteil der kulturellen Vielfalt und des urbanen Lebens in München. Außerdem ist es dem Zuzug der ausländischen Bevölkerung zu verdanken, dass die Stadt München eine relativ konstante Einwohnerzahl aufweist (LHM 2002b, S.6). Die deutsche Bevölkerung innerhalb der Stadtgrenzen geht durch niedrige Geburtenraten und Umzüge ins Umland bereits über Jahre zurück. Mit einem erhöhten Ausländeranteil nähert sich das Quartier Theresienhöhe auch der Struktur des umgebenden Bezirks Schwanthalerhöhe an. Ähnliche Bevölkerungsstrukturen sind eine wichtige Vorraussetzung dafür, eine Integration der neuen Theresienhöhe in die angrenzende Stadt zu erreichen.

4.2.1.2 Haushalte als Untersuchungsebene

Bei der Untersuchung von Haushaltsstrukturen bieten sich vor allem zwei Merkmale an, nach denen Haushalte gegliedert werden können: nach Haushaltsgröße und nach Haushaltstypen.

Die Betrachtung der Größe befragter Haushalte zeigt, dass die Stichprobe zu fast einem Viertel aus Einpersonenhaushalten besteht (Tabelle 9).

Tabelle 9: Haushaltsgrößen der Befragten im Vergleich zu Gesamtstadt und Bezirk			
	Stadt München in %	Schwanthaler- höhe in %	Theresien- höhe in %
Einpersonenhaushalte	56	61	24
Zweipersonenhaushalte	23	22	28
Dreipersonenhausalte	11	10	23
Vier- und Mehrpersonenhaushalte	10	8	25
Summe	100	100	100
Quellen: LHM2005j, S.40; eigene Erhebung			

Die Ein- und Zweipersonenhaushalte machen über die Hälfte der Haushalte aus. Die Werte der Stadt München und des Bezirks Schwanthalerhöhe unterscheiden sich nur um maximal fünf Prozentpunkte. Im Vergleich zur Theresienhöhe nehmen die Einpersonenhaushalte aber einen viel höheren Anteil ein. Alle weiteren Haushaltsgrößen sind auf der Theresienhöhe stärker vertreten.

Die Unterteilung der Haushalte nach Typen orientiert sich an der Haushaltsdatei des Statistischen Amtes der Landeshauptstadt München. Die Gliederung der Haushaltstypen, die auch zur Auswertung der Münchner Bürgerbefragung verwendet wurde, gibt Tabelle 10 wieder.

Tabelle 10: Haushaltstypen der Befragten im Vergleich zu Gesamtstadt und Bezirk					
Haushalte			Stadt München in %	Schwanthalerhöhe in %	Theresienhöhe in %
ohne Kinder		Einpersonenhaushalte	35	--	24
		Zweipersonenhaushalte	34	--	24
		Drei- und Mehrpersonenhausalte	6	--	3
		Haushalte ohne Kinder gesamt	*75*	*85*	*51*
mit Kindern		ein Kind	10	--	22
		Zwei Kinder	8	--	15
		drei und mehr Kinder	3	--	6
		Alleinerziehende	3	--	6
Keine Angabe		*Haushalte mit Kinder gesamt*	*24*	*15*	*49*
			1		0
Haushalte insgesamt			**100**	**100**	**100**
Quellen: LHM 2002b, S.19; LHM 2005j, S.42; eigene Erhebung					

Als Haushalte mit Kindern werden Haushalte bezeichnet, in denen Kinder unter 18 Jahren bei zwei erwachsenen Personen wohnen. Haushalte mit Personen, die volljährig sind und noch bei ihren Eltern wohnen, werden bei dieser Einteilung nicht als Haushalte mit Kindern behandelt. In alleinziehenden Haushalten leben Kinder bei einer erwachsenen Person, oder bei einer Person, die mindestens zehn Jahre älter ist (vgl. LHM o.J. ‚o.S.).

Erwähnenswert bei der Struktur der Haushaltstypen ist, dass der Anteil der Haushalte ohne Kinder unter den Befragten zwar gut die Hälfte ausmacht, damit aber weit unter dem Wert der Schwanthalerhöhe sowie dem Wert der Gesamtstadt liegt[7]. Unter den Kindern befragter Haushalte, die im Quartier Theresienhöhe wohnen, sind die Hälfte Einzelkinder.

Hypothese 2 trifft in der Untersuchung nur soweit zu, dass die Bewohner jünger sind und es weitere Unterschiede zur Umgebung gibt. Allerdings ist der Anteil der Familien und der Einpersonenhaushalte größer als im städtischen Umfeld.

> Hypothese 2 „Die Bevölkerungsstruktur der Theresienhöhe unterscheidet sich von der Bevölkerungsstruktur der Umgebung (Schwanthalerhöhe und Gesamtstadt): Sie sind jünger, leben in kleineren Haushalten und seltener mit Kindern im Haushalt."

---

[7] Anzumerken ist, dass die Daten der Einwohnermeldestatistik (Tabelle 9) wohl nicht das reale Bild der Haushaltsstruktur abbilden. Bei vielen der als Einpersonenhaushalte gemeldeten Haushalte handelt es sich um Haushalte die aus zwei Personen bestehen. Daher unterscheiden sich die Werte der Bürgerbefragung und der amtlichen Statistik (vgl. LHM 2002b, S.17).

4.2.1.3 Haushalte und Lebensphasen

An dieser Stelle bietet es sich an, den Blick darauf zu richten, in welchen Lebensphasen sich die Haushalte befinden.

Mit der Ausdifferenzierung der Lebensphasen und Haushaltstypen ist eine einfache Einteilung der Lebensphasen in Gründungs-, Konsolidierungs- und Schrumpfungsphase nicht mehr ausreichend (vgl. Kapitel 2.2.4.3). Die Einbeziehung aller Möglichkeiten, die eine Person oder ein Haushalt im Lauf eines Lebens einnehmen kann, führt zu einer sehr detaillierten Aufgliederung der Haushalte. Dabei ist bei der Haushaltsbefragung auf der Theresienhöhe mit 210 durchgeführten Interviews mit sehr kleinen Fallzahlen der meisten Haushaltstypen zu rechnen. Dies macht die Verwendung einer solchen Klassifizierung unsinnig.

Eine im Fall der Theresienhöhe sinnvolle Darstellung der Lebensphasen basiert auf einer getrennten Betrachtung von Haushalten mit Kindern und Haushalten ohne Kinder. Dabei können die Haushalte mit Kindern durch das Alter der Kinder den Gründungs- und Konsolidierungsphasen zugeordnet werden. Haushalte ohne Kinder, also Erwachsenenhaushalte, können getrennt ebenfalls in Altersgruppen gegliedert werden.

Abbildung 11 zeigt die Altersstruktur der erwachsenen Personen in den untersuchten Haushalten. Dabei wird das Durchschnittsalter der erwachsenen Personen angegeben.

Der Großteil der befragten Haushalte ist in den Altersklassen unter 50 Jahren einzuordnen. Mit Blick auf die Altersstruktur der Bevölkerung verwundert dieses Ergebnis nicht. Interessant ist aber, dass bei den kinderlosen Haushalten ein Anteil über 35% in der Altersgruppe von 35 bis 49 Jahren ist. Diese Haushalte sind Hinweis auf die Ausdifferenzierung der Haushaltstypen, sie folgen alternativen Wohnbiographien ohne Kinder im Haushalt.

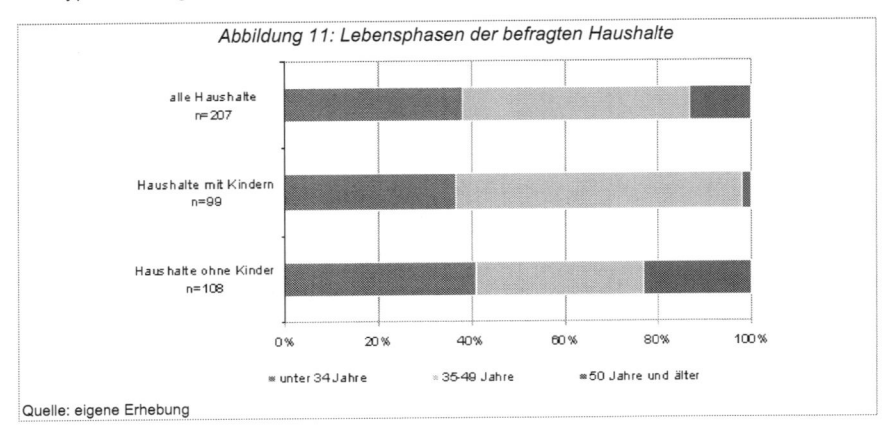

Abbildung 11: Lebensphasen der befragten Haushalte

Quelle: eigene Erhebung

Bei den Haushalten mit Kindern zeigt das Alter der Kinder, dass es sich meist um junge Familien handelt: Nur in 31% der Haushalte mit Kindern sind alle Kinder über 7 Jahre alt, in 47% der Haushalte sind sogar noch alle Kinder unter 7 Jahre alt.

4.2.1.4 Haushaltsstruktur und Wohnungsteilmärkte

Ein Blick auf die Haushaltsstruktur differenziert nach den Wohnungsteilmärkten der Theresienhöhe kann Antwort darauf geben, ob das Ziel, Wohnraum für verschiedene Bevölkerungsgruppen zu schaffen, erreicht wird. In der vorliegenden Untersuchung lassen sich signifikante Unterschiede in der Haushaltsstruktur der Wohnungsteilmärkte erkennen (Abbildung 12).

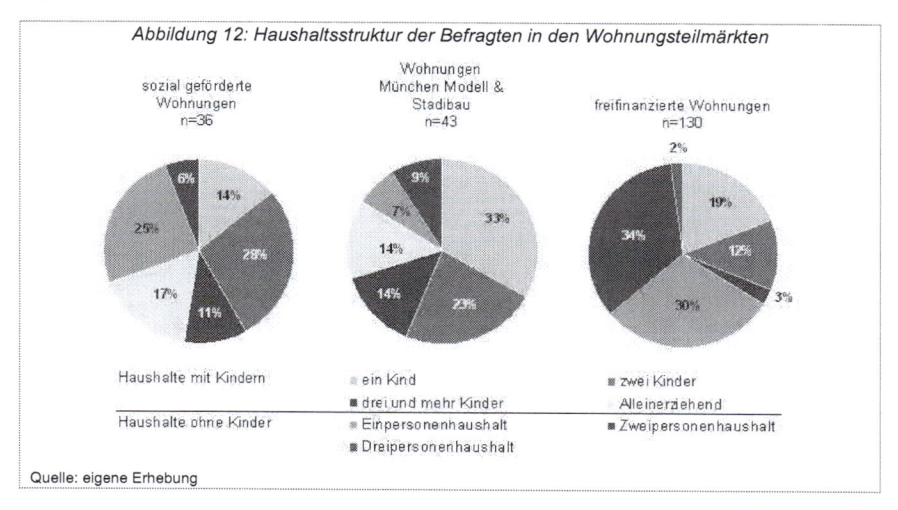

Abbildung 12: Haushaltsstruktur der Befragten in den Wohnungsteilmärkten

sozial geförderte Wohnungen n=36

Wohnungen München Modell & Stadibau n=43

freifinanzierte Wohnungen n=130

Haushalte mit Kindern
Haushalte ohne Kinder
ein Kind
drei und mehr Kinder
Einpersonenhaushalt
Dreipersonenhaushalt
zwei Kinder
Alleinerziehend
Zweipersonenhaushalt

Quelle: eigene Erhebung

In der Stichprobe des Teilmarktes der sozial geförderten Wohnungen überwiegen mit 70% die Haushalte mit Kindern. Dabei handelt es sich meist um Haushalte mit zwei Kindern. Außerdem entfällt ein Viertel der untersuchten Haushalte auf Einpersonenhaushalte.

Die untersuchten Wohnungen des München Modells und der Stadibau GmbH werden ebenfalls von Haushalten mit Kindern bewohnt. Der Anteil liegt hier sogar bei über 80%. Dieses Ergebnis ergibt sich auch aus den Voraussetzungen, welche die Haushalte erfüllen müssen um im Rahmen des München Modells gefördert zu werden. Im Gegensatz zum sozial geförderten Wohnungsbau bestimmen hier die Haushalte mit einem Kind die Verteilung.

In den untersuchten freifinanzierten Wohnungen überwiegen die Haushalte ohne Kinder. Es handelt sich vorherrschend um Ein- und Zweipersonenhaushalte.

Alleinerziehende Haushalte findet man in der vorliegenden Untersuchung nur in den beiden geförderten Wohnungsteilmärkten.

4 Ergebnisse der Untersuchung

Das Ziel des Konzepts, durch unterschiedliche Finanzierungsarten Wohnraum für verschiedene Bevölkerungsgruppen zu schaffen, ist im Bezug auf eine heterogene Haushaltsstruktur erreicht worden.

Ein eindeutiger Zusammenhang zwischen den Finanzierungsarten und den Lebensphasen (Alter der erwachsenen Personen bzw. Alter der Kinder bei Haushalten mit Kindern) kann nicht festgestellt werden.

4.2.1.5 Nationalität und Haushalte

Auf Haushaltsebene umfassen in der vorliegenden Untersuchung die deutschen Haushalte 63%, auf ausländische Haushalte entfallen gut 20% und auf Haushalte mit gemischter Nationalität 15% aller Haushalte.

Bei den sozial geförderten Wohnungen ist der Anteil der nicht-deutschen Haushalte mit 65% am größten, während bei den München Modell und Stadibau Wohnungen bei weitem die deutschen Haushalte überwiegen (Abbildung 13).

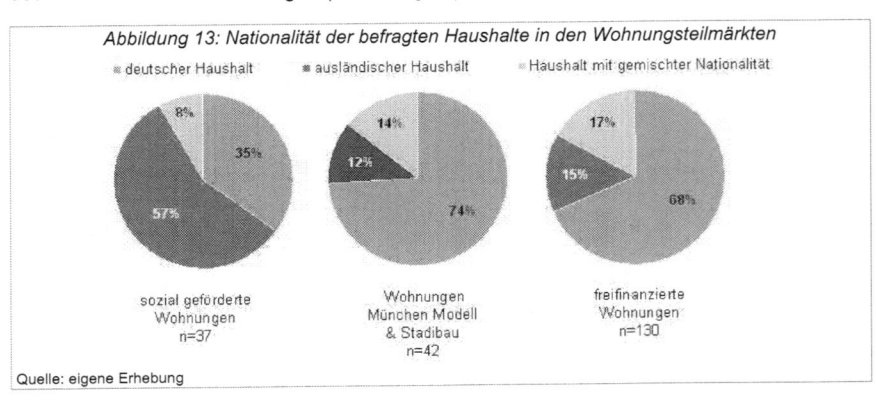

Abbildung 13: Nationalität der befragten Haushalte in den Wohnungsteilmärkten

■ deutscher Haushalt   ■ ausländischer Haushalt   ■ Haushalt mit gemischter Nationalität

sozial geförderte Wohnungen n=37: 57%, 35%, 8%
Wohnungen München Modell & Stadibau n=42: 74%, 12%, 14%
freifinanzierte Wohnungen n=130: 68%, 15%, 17%

Quelle: eigene Erhebung

Ein hoher Ausländeranteil in den Sozialwohnungen ist in ganz München festzustellen (LHM 2004a, S.53). Da sich der soziale Wohnungsbau auf der Theresienhöhe räumlich im Süden konzentriert, ist der Ausländeranteil der Haushalte räumlich sehr unterschiedlich. Es handelt sich aber nicht um einen großen Stadtteil, sondern um ein Quartier. Es kann also noch nicht von einer ethnischen Segregation gesprochen werden. Anzumerken ist allerdings, dass auf der Messetiefgarage noch über 200 weitere Sozialwohnungen entstehen werden. Es kann also davon ausgegangen werden, dass sich alle Erkenntnisse über den sozialen Wohnungsteilmarkt in Zukunft noch stärker auf die Gesamtsituation auf der Theresienhöhe auswirken werden. Das bedeutet auch, dass der Ausländeranteil im Quartier noch zunehmen wird.

Betrachtet man die Herkunftsländer der ausländischen Haushalte und der Haushalte gemischter Nationalität genauer, so zeigt sich, dass in der Stichprobe die Verteilung innerhalb der Wohnungsteilmärkte unterschiedlich ist.

Während bei den befragten freifinanzierten Wohnungen die nicht-deutschen Haushalte überwiegend aus West- und Südwesteuropa kommen, liegt bei den beiden geförderten Wohnungstypen das Herkunftsland der Bewohner anderer Nationalität meist im Ost- und Südosteuropäischen Bereich (mit Türkei und Russland). Vor dem Hintergrund der Einkommensgrenze für Sozialwohnungsberechtigte und der einkommensorientierten Förderung weist dieses Ergebnis darauf hin, dass Haushalte aus dem ost- und südosteuropäischen Bereich, Türkei und Russland in einer schlechteren finanziellen Lage sind als Haushalte mit west- und südwesteuropäischer Herkunft.

4.2.1.6 Erwerbstätigkeit und Einkommen

Die wirtschaftliche Lage der Haushalte wird in dieser Untersuchung über das Nettohaushaltseinkommen ermittelt. Für die tatsächliche Situation der Haushalte ist es entscheidend, das Haushaltseinkommen in Relation zur Haushaltsstruktur zu betrachten.

24 Haushalte wollten keine Angabe zu ihrem Nettohaushaltseinkommen machen. In ca. 50% der befragten Haushalte liegt das Haushaltsnettoeinkommen pro Monat über dem Bundesdurchschnitt, der bei ca. 2.600 Euro[8] liegt (Abbildung 14).

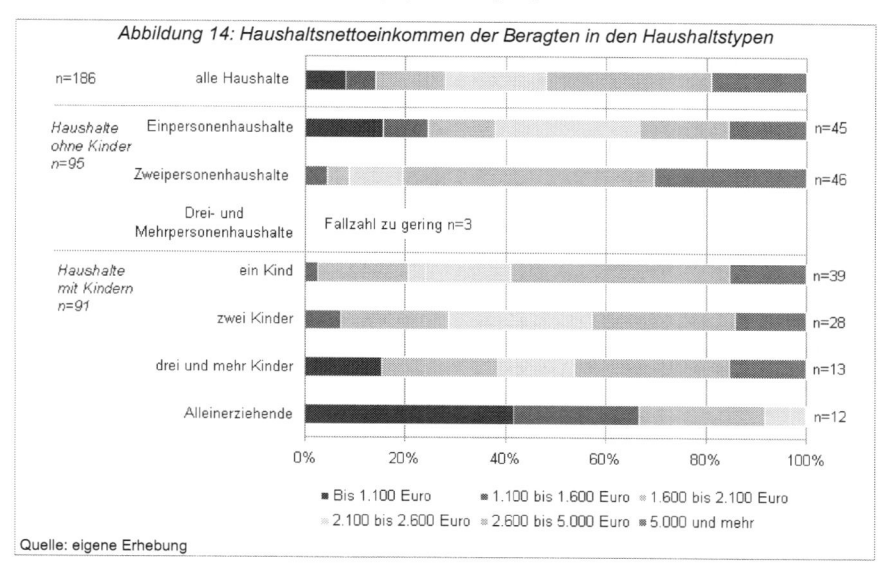

Abbildung 14: Haushaltsnettoeinkommen der Beragten in den Haushaltstypen

Quelle: eigene Erhebung

---

[8] Für das gesamte Jahr 2002 lag der Wert bei 32.100 Euro, vgl. STATISTISCHES BUNDESAMT 2003, S.8.

In der Stichprobe verfügen die Alleinerziehenden über das geringste Einkommen. Auch bei den Einpersonenhaushalten und Haushalten mit drei und mehr Kindern gibt es einen gewissen Anteil von Haushalten, die nur über geringes Einkommen verfügen. Gleichzeitig gibt es in diesen Haushaltsstrukturen einen ebenso großen Anteil an Haushalten mit sehr hohem Einkommen.

Über ein überdurchschnittliches Haushaltsnettoeinkommen (mehr als 2.600 Euro) verfügt ein Großteil der Zweipersonenhaushalte ohne Kinder. Auch Familien mit einem Kind haben in den meisten Fällen ein hohes Haushaltseinkommen.

In der vorliegenden Untersuchung besteht auch ein starker Zusammenhang zwischen der Finanzierungsart der Wohnung und dem Einkommen (Abbildung 15).

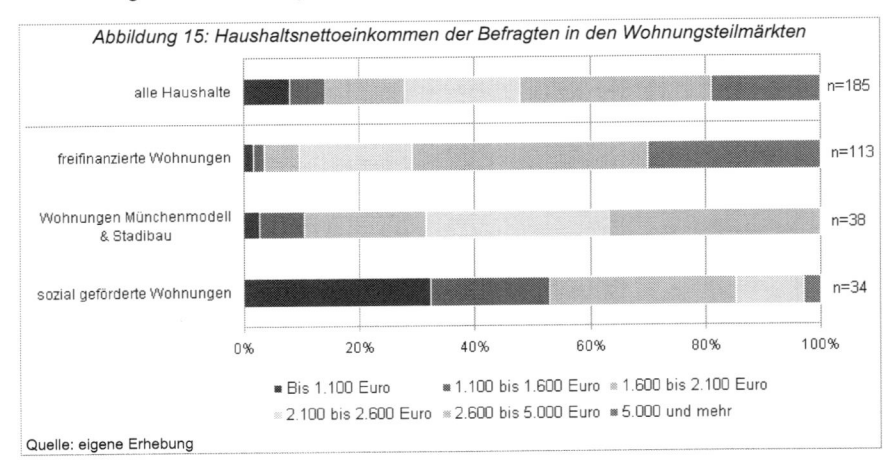

Abbildung 15: Haushaltsnettoeinkommen der Befragten in den Wohnungsteilmärkten

- alle Haushalte: n=185
- freifinanzierte Wohnungen: n=113
- Wohnungen Münchenmodell & Stadibau: n=38
- sozial geförderte Wohnungen: n=34

Legende: Bis 1.100 Euro | 1.100 bis 1.600 Euro | 1.600 bis 2.100 Euro | 2.100 bis 2.600 Euro | 2.600 bis 5.000 Euro | 5.000 und mehr

Quelle: eigene Erhebung

In den freifinanzierten Wohnungen nimmt die Einkommensklasse über 5.000 Euro einen weit überdurchschnittlichen Wert an. Im sozial geförderten Wohnungsbau überwiegen die unteren drei Einkommensklassen bis 2.100 Euro. Bei den München Modell und Stadibau-Wohnungen sind die mittleren Einkommensklassen überdurchschnittlich stark vertreten. Diese Verteilung geht auf die Zugangsbeschränkungen der Wohnungsteilmärkte zurück. Durch die einkommensorientierte Förderung und die Einkommensgrenze für Sozialwohnungsberechtigte konzentrieren sich im sozialen Wohnungsbau einkommensschwache Haushalte. Wohnungen des München Modells haben auch eine Zugangsbeschränkung, und fördern konkret Haushalte mit mittlerem Einkommen. Die Ergebnisse der Untersuchung unterstreichen also die Wirksamkeit der Fördermodelle im Bezug darauf, dass für einkommensschwächere Haushalte innerstädtischer Wohnraum geschaffen wird.

Neben dem Einkommen ist auch die Anzahl der Erwerbstätigen im Haushalt eine Größe zur Beschreibung der wirtschaftlichen Lage eines Haushalts, da die Höhe des Nettohaushaltseinkommens damit zusammenhängt, wie viele Personen dazu beitragen.

In den untersuchten Haushalten der Theresienhöhe ziehen die Doppelverdienerhaushalte mit den Haushalten mit einem Erwerbstätigen gleich, beide umfassen einen Anteil von 45%. In allen Haushaltstypen, in denen mehr als eine erwachsene Person lebt (alle außer Alleinerziehende und Einpersonenhaushalte), überwiegen die Doppelverdiener. Es zeigt sich eine starke Orientierung hin zum Doppelverdienerhaushalt, unabhängig davon, ob Kinder im Haushalt sind oder nicht. Das Modell der Familie mit einem alleinverdienenden Haushaltsvorstand spielt auf der Theresienhöhe keine dominierende Rolle. Auch in der Münchner Bürgerbefragung 2000 wird generell eine Tendenz zum Doppel- und Mehrfachverdiener-Haushalt festgestellt. Allerdings ist in der Münchner Bürgerbefragung 2000 der Anteil der Alleinverdiener bei größeren Haushalten mit Kindern deutliche höher als bei kinderlosen Haushalten (LHM 2002b, S.21). Auch an dieser Stelle zeigt sich, dass ein großer Anteil der Befragten nicht den traditionellen Modellen der Rollenverteilung und Haushaltsführung folgen.

4.2.1.7 Bildungsabschluss und Haushalte

Um alle Annahmen der Hypothese 3 zu den Unterschieden in den Wohnungsteilmärkten zu beleuchten, wird im Folgenden das Bildungsniveau der Befragten betrachtet. Die Verteilung fällt stark zu Gunsten der hohen Abschlüsse aus. Fast 45% der Personen haben (Fach)Hochschulabschluss, je etwa 20% Abitur und Mittlere Reife und 13% Volks- oder Hauptschulabschluss.

Um Aussagen über Zusammenhänge zwischen Bildung und Haushaltsstruktur oder Wohnungsteilmärkte machen zu können, wird der höchste Abschluss im Haushalt betrachtet.

In Ein- und Zweipersonenhaushalten ohne Kinder und in Familien mit einem Kind ist der höchste Bildungsabschluss in je über der Hälfte der Haushalte ein (Fach-)Hochschulabschluss. Mit hohen Bildungsabschlüssen geht also ein Trend zu kleinen Haushaltsgrößen einher.

Hypothese 3:
a) *„Die Bewohner der freifinanzierten Wohnungen haben einen hohen Bildungsabschluss und ein hohes Nettohaushaltseinkommen im Vergleich zu den Haushalten geförderter Wohnungen.*
b) *Die Haushalte in freifinanzierten Wohnungen sind kleiner als Haushalte geförderter Wohnungen.*
c) *In den geförderten Wohnungen ist der Anteil der Familien höher als bei den freifinanzierten Wohnungen.*
d) *Die geförderten Wohnungen weisen einen höheren Ausländeranteil auf als die freifinanzierten Wohnungen."*

Ein sehr starker Zusammenhang besteht auch zwischen dem Bildungsabschluss und den Wohnungsteilmärkten. In den untersuchten freifinanzierten Wohnungen sind die Haushalte sehr hoch gebildet sind. Über die München Modell Wohnungen hin zum sozial geförderten Wohnungsbau nimmt der Anteil der Hochschulabschlüsse ab. Da eine enge Beziehung besteht zwischen Bildung und Einkommen ist dieses Ergebnis nicht überraschend. Für die Untersuchung des Konzepts Theresienhöhe wird festgehalten, dass durch die unterschiedlichen Finanzierungsarten für verschiedene Haushaltstypen Wohnraum geschaffen wurde, die sich sowohl im Einkommen als auch im Bildungsniveau unterscheiden.

Die Hypothesen 3a bis 3d zu Unterschieden in der Struktur der Wohnungsteilmärkte treffen in dieser Untersuchung alle zu. Die Schaffung von Wohnungen in unterschiedlicher Finanzierungsart bewirkt eine Mischung verschiedener Bevölkerungsgruppen, die über finanzielle Unterschiede hinausgeht.

4.2.1.8 Versorgung mit Wohnraum

Der Erwerb von Wohneigentum vor allem im Innenstadtbereich deuten auf finanzstarke Haushalte hin. Mit der Größe einer Wohnung kann Wohnkomfort als wichtiges Element der eigenen Lebensweise zum Ausdruck gebracht werden.

Die befragten Personen wohnen zu gut einem Viertel (26%) in Eigentumswohnungen. Dabei sind es überwiegend die Haushalte ohne Kinder, die im Eigentum wohnen (80%). In der Bürgerbefragung 2000 gaben 15% der Befragten an, in ihrer Eigentumswohnung zu wohnen und 13% im eigenen Haus (vgl. a.a.O., S. 70). In der Bürgerbefragung ist die Eigentümerquote der Familien jedoch höher als die der Haushalte ohne Kinder. Das bedeutet, dass Eigentum im Quartier Theresienhöhe vor allem für kinderlose Haushalte attraktiv ist, eine grundsätzlich kleinere Gruppe, die in Eigentum wohnt.

In der vorliegenden Untersuchung liegt die durchschnittliche Wohnfläche pro Person bei 39,0 m^2. Allerdings ist die Spanne zwischen kleinster und größter Wohnfläche sehr hoch. Das bedeutet, dass in verschiedenen Haushalten die durchschnittliche Wohnfläche sehr unterschiedlich ist. In Tabelle 11 sind die Mittelwerte der Wohnfläche pro Kopf differenziert nach der Haushaltsstruktur dargestellt. Haushalte mit Kindern haben im Durchschnitt nur etwa halb so viel Quadratmeter pro Person zur Verfügung als Haushalte ohne Kinder. Dabei nimmt der durchschnittliche Wert mit der Anzahl der Kinder ab. Auch bei den Haushalten ohne Kinder verringert sich mit der Personenanzahl die Durchschnittsgröße.

Ein- und Zweipersonenhaushalte haben mit Abstand den höchsten Durchschnittswert, allerdings auch die größte Spannweite zwischen niedrigster und höchster Quadratmeterzahl.

4 Ergebnisse der Untersuchung

Tabelle 11: Durchschnittliche Wohnfläche pro Person in den Haushaltstypen

Haushalte		Mittelwert Wohnfläche/Person in m²	Standardabweichung in m²
ohne Kinder n=104	Einpersonenhaushalte	63,1	25,4
	Zweipersonenhaushalte	41,6	14,4
	Drei- und Mehrpersonenhausalte	24,4	2,9
	Haushalte ohne Kinder gesamt	51,0	23,3
mit Kindern n=101	ein Kind	28,9	8,0
	Zwei Kinder	24,4	5,3
	drei und mehr Kinder	20,3	3,0
	Alleinerziehende	27,7	6,2
	Haushalte mit Kindern gesamt	26,0	6,9
Haushalte insgesamt		**39,0**	**21,5**

Quelle: eigene Erhebung

Ein Vergleich mit München ergibt, dass die durchschnittliche Quadratmeterzahl pro Kopf über alle Haushalte auf der Theresienhöhe geringer ist. In der Münchner Bürgerbefragung 2000 beträgt der Wert 44,3 m²/P[9]. Ansonsten spiegelt die Verteilung im weitgehend die Werte der Stadt München wider. Abweichungen gibt es bei den Erwachsenenhaushalten mit drei und mehr Personen (München: 33,3 m²) und den Alleinerziehenden (München: 33,3 m²). Diese Haushaltstypen weisen auf der Theresienhöhe im gesamtstädtischen Vergleich einen Wert auf, der um mehr als 5 m² niedriger ist (vgl. a.a.O., S.66).

Nach den Wohnungsteilmärkten liefert die Befragung folgende Verteilung:

Freifinanzierte Haushalte haben mit 45,9 m² die höchste Quadratmeterzahl pro Person, geförderte Wohnungen (29,5 m²/P) und Wohnungen des sozialen Wohnungsbaus (25,9 m²/P) liegen weit darunter. Hypothese 4 trifft also überragend zu.

> Hypothese 4 „Die Wohnfläche pro Person ist bei den freifinanzierten Wohnungen höher als bei den geförderten Wohnungen."

Auch Haushalte in Eigentumswohnungen (53,9 m²/P) haben mehr Platz als die Befragten, die zur Miete wohnen (33,7 m²/P). Ein Blick auf die Nationalität der Haushalte zeigt, dass deutsche Haushalte im Durchschnitt 40,7 m²/P zur Verfügung haben. Die Werte ausländischer und gemischter Haushalte liegen ca. 5 m²/P niedriger.

Die Untersuchung ergibt also, dass die Ausdifferenzierung der Haushaltstypen und Lebensformen mit Unterschieden in der Wohnfläche verbunden ist. Hohe Werte bei einkommensstarken und kleineren Haushalten, sowie Haushalten im freifinanzierten Wohnungen belegen, dass die Größe der Wohnung Ausdruck für Wohlstand und Mittel zur Selbstdarstellung ist.

---

[9] In der amtlichen Statistik liegt der Wert für München bei 39m²/P.

4.2.1.9 Neue Haushaltsformen – wo sind sie und wer wohnt hier?

Um die neuen Haushaltsformen auf der Theresienhöhe zu untersuchen, lohnt es sich, den Blick darauf zu richten, in welchem Verhältnis die erwachsenen Personen in einem Haushalt zueinander stehen.

In den meisten befragten Haushalten sind die erwachsenen Personen verheiratet. Nicht verheiratet zusammenlebende Personen machen einen Anteil von 21% aus. Als neue Haushaltstypen werden die Alleinstehenden (Singles), die unverheiratet zusammenlebenden Paare ohne Kinder, die Alleinerziehenden und die Wohngemeinschaften bezeichnet. 43% der Haushalte im Quartier Theresienhöhe gehören zu diesen neuen Haushaltsformen (Abbildung 16).

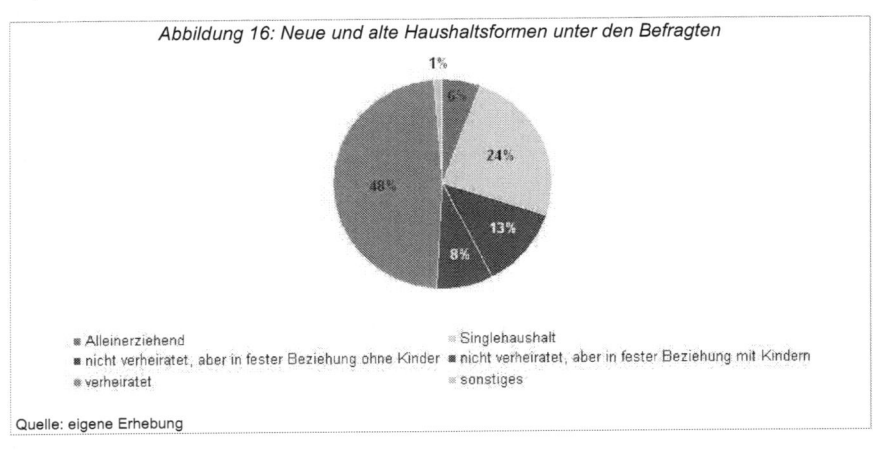

Abbildung 16: Neue und alte Haushaltsformen unter den Befragten

- Alleinerziehend
- Singlehaushalt
- nicht verheiratet, aber in fester Beziehung ohne Kinder
- nicht verheiratet, aber in fester Beziehung mit Kindern
- verheiratet
- sonstiges

Quelle: eigene Erhebung

Wohngemeinschaften mit nicht-verwandten Personen sind nicht unter den befragten Haushalten. Ein Viertel aller Haushalte sind Singlehaushalte und machen den größten Anteil unter den neuen Haushaltsformen aus. Gefolgt werden die Singles von den nicht verheiratet zusammenlebenden Paaren und zuletzt von den alleinerziehenden Haushalten.

Eine Differenzierung der neuen Haushaltsformen nach den Wohnungsteilmärkten zeigt, dass die nicht verheirateten zusammenlebenden Paare und die Singles überwiegend in freifinanzierten Wohnungen wohnen. Die alleinerziehenden Haushalte verteilen sich hingegen komplett auf die geförderten Wohnungsteilmärkte. Im Gegensatz zu den anderen beiden Haushaltsformen, die sich auf dem freien Markt behaupten können, sind die alleinerziehenden Haushalte auf vergünstigten Wohnraum angewiesen.

Bei weitem den höchsten Durchschnittswert bei der Wohnfläche pro Person erreichen die befragten Singlehaushalte, allerdings ist hier auch die Spannweite zwischen dem niedrigsten und dem höchsten Wert am größten. Die nicht verheirateten Paare weisen einen für das

Quartier Theresienhöhe durchschnittlichen Wert an Wohnfläche pro Person auf. Im Gegensatz zu der „alten" Haushaltsform Familie ist er recht hoch. Die alleinerziehenden Haushalte unterscheiden sich auch bei der Versorgung mit Wohnraum von den anderen beiden neuen Haushaltsformen. Der Wert liegt ca. 10 m²/P unter dem Durchschnittswert (Tabelle 12).

Tabelle 12: Durchschnittliche Wohnfläche pro Person in den neuen Haushaltsformen

	mittlere Wohnfläche pro Kopf in m²	Standardabweichung in m²
Alleinerziehend	27,7	6,2
Singlehaushalt	63,1	25,4
Nicht verheiratete Paare, ohne Kinder	37,1	11,3
Verheiratet	31,1	13,4
Nicht verheiratete Paare, mit Kindern	25,0	4,9

Quelle: eigene Erhebung

Zur finanziellen Lage der neuen Haushaltsformen zeigt die Untersuchung, dass die nicht verheirateten Paare ohne Kinder ein hohes Nettohaushaltseinkommen besitzen. Über 70% dieser Haushalte verfügt über mehr als 2.600 Euro im Monat, 31% sogar über 5.000 Euro. Die Lage der Singles und der Alleinerziehenden wurde bereits im Kapitel zu Erwerbstätigkeit und Einkommen besprochen.

Hypothese 5 kann so nicht bestätigt werden. Der Anteil der neuen Haushaltsformen in der Untersuchung macht einen hohen Anteil aus, er erreicht aber nicht die Hälfte aller Haushalte. Für nichtverheiratete Paare ohne Kinder trifft die hypothetische Annahme soweit zu: sie konzentrieren sich auf den freifinanzierten Bereich und zeichnen sich durch eine überdurchschnittlich hohe Wohnfläche aus. Die Singleshaushalte sind in sich keine homogene Gruppe. Ein Teil schließt sich den nichtverheirateten Paaren ohne Kinder an während ein anderer Teil geförderten Wohnraum mit weniger Wohnfläche nutzt. Auf Alleinerziehende trifft die Hypothese in keine Weise zu. Sie verfügen über weniger Einkommen und wohnen in kleineren, geförderten Wohnungen.

> Hypothese 5 „Die neuen Haushaltsformen machen auf der Theresienhöhe einen hohen Anteil aus und konzentrieren sich auf den freifinanzierten Bereich. Ihre Wohnungen zeichnen sich durch eine hohe Quadratmeterzahl pro Person aus."

4.2.1.10 Auf den Spuren der „Yuppies" und „DINKS"

Jung, urban, beruflich erfolgreich – so lässt sich das Klischee der Yuppies beschreiben. Die Untersuchung hat bereits gezeigt, dass die Bevölkerung jung ist im Quartier Theresienhöhe. Auch ein hohes Bildungsniveau der Haushalte und hohes Einkommen weisen vor allem die Haushalte im freifinanzierten Teilmarkt auf. Über 60% der Bewohner nicht geförderter Wohnungen verfügen über einen Hochschulabschluss und 70% über ein monatliches

Haushaltsnettoeinkommen über 2.600 Euro. Auch die Singles und ledigen Paare ohne Kinder leben überwiegend im freifinanzierten Bereich. Die Vermutung liegt nahe, dass man viele „Yuppies" im freifinanzierten Teilmarkt auf der Theresienhöhe findet. Um Haushalte als solche auszumachen, müssen aber die oben genannten Merkmale konzentriert zutreffen.

Tabelle 13 zeigt, dass man 20% aller befragten Haushalte als „Yuppie-Haushalte" bezeichnen kann. Fast alle dieser Haushalte wohnen im freifinanzierten Wohnungsteilmarkt (98%).

Tabelle 13: Anteil der befragten Yuppies im Quartier Theresienhöhe

		Anteil von allen Haushalten in %
Junge Haushalte mit hohem Einkommen (2.600 Euro und mehr)		54
Davon Singles oder unverheiratetes Paar ohne Kinder	41%	
Davon mit Abitur oder (Fach)Hochschulabschluss	73%	
Yuppies		**20**

Quelle: eigene Erhebung

Double income no kids ist eine weitere Bezeichnung die oft verwendet wird, um Bewohner von Innenstädten zu charakterisieren. Der Ausdruck umschreibt junge Paare ohne Kinder mit relativ hohem Einkommen, die sich auf ihre Karriere konzentrieren.

In der Stichprobe befinden sich 31 Doppelverdienerhaushalte mit zwei Personen in den Altersklassen bis 49, die ohne Kinder leben. Das ist ein Anteil von 15% aller befragten Haushalte. Betrachtet man nur diejenigen mit relativ hohem Einkommen reduziert sich der Anteil auf nur 10%. Diese wohnen zu 96% im freifinanzierten Wohnungsbau.

Sowohl bei der Suche nach Yuppies als auch nach DINKS zeigt sich, dass die Konzentration mehrerer Merkmale in einem Haushalt dazu führt, dass die Anteile gering werden. Die Klischees der Yuppies und der DINKS gibt es auf der Theresienhöhe, allerdings sind sie nicht dominant vertreten. Anzumerken ist aber, dass fast alle Haushalte, die diesen Gruppen zugeordnet werden können, in einer freifinanzierten Wohnung leben. Hypothese 6 wird in der Untersuchung komplett bestätigt.

Hypothese 6 „Bei Haushalten im freifinanzierten Bereich findet man ‚Yuppies' und ‚DINKS', sie dominieren aber nicht die Haushaltsstruktur."

4.2.1.11 Fazit

Die Ergebnisse der Haushaltsbefragung gibt einigen Aufschluss über die Haushaltsstruktur der Bewohner der Theresienhöhe. Im Folgenden werden die interessantesten Ergebnisse noch einmal konkret formuliert.

Im Bezug auf ihr direktes Umfeld ist die Theresienhöhe in ihrer Haushaltsstruktur jünger und familienorientierter und weist einen niedrigeren Ausländeranteil auf.

Die Haushalte der neuen Haushaltsformen auf der Theresienhöhe können nicht durchwegs als Phänomen des Wohlstands verstanden werden. Eine differenzierte Sichtweise zeigt große Unterschiede zwischen den Haushaltsformen.

Die Annahme, dass sich die Haushalte in den unterschiedlichen Wohnungsteilmärkten in ihrer Struktur unterscheiden, lässt sich weitgehend bestätigen. Die unterschiedlichen Finanzierungsarten der Wohnungen führen zu einer unterschiedlichen Haushaltsstruktur. Es entstehen in sich homogene Bereiche, die sich in verschiedenen Dimensionen signifikant unterscheiden. Die im Konzept angestrebte soziale Mischung hat sich räumlich weitgehend eingestellt. Eine heterogene Altersverteilung der Bevölkerung konnte aber nicht erreicht werden.

Die Untersuchung der Bevölkerungszusammensetzung und Haushaltsstruktur sowie ihre Abhängigkeit von den unterschiedlichen Finanzierungsarten als Einflussmöglichkeit der Stadtentwicklungspolitik bilden auch eine wichtige Grundlage für die Ergebnisse der folgenden Kapitel. Nachbarschaftliche Kontakte, Umzugsverhalten der Bewohner, die Identität mit dem Quartier Theresienhöhe und die Zufriedenheit mit der Wohnung und Wohnumgebung können in den unterschiedlichen Haushaltstypen verschieden sein. Außerdem zeigen Unterschiede bei den Ergebnissen nach den Finanzierungsarten das Ausmaß des Einflusses der Stadtpolitik, bzw. ihre Grenzen wenn keine Zusammenhänge nachweisbar sind.

4.2.2 Nachbarschaftliche Kontakte im Quartier Theresienhöhe

In den Wohnungsteilmärkten wohnen unterschiedliche Bevölkerungsgruppen. Der zweite Fragenblock beschäftigt sich damit, welche Auswirkungen diese räumliche Nähe auf die gesellschaftlichen Beziehungen der Bewohner hat.

> Schafft räumliche Nähe auch soziale Beziehungen?
> Wie intensiv sind die nachbarschaftlichen Kontakte?

4.2.2.1 Zufriedenheit mit der Nachbarschaft

Die Befragung zeigt, dass die meisten Bewohner mit der Zusammensetzung der Nachbarschaft zufrieden oder sehr zufrieden sind. Für durchschnittlich erachten 19% der Befragten die nachbarschaftliche Zusammensetzung (Abbildung 17).

Die Münchner Bürgerbefragung 2000 hat ebenfalls ergeben, dass der Großteil (70%) der Befragten mit der Zusammensetzung der Nachbarschaft mindestens zufrieden ist (vgl. a.a.O., S.83). Die interviewten Bewohner der Theresienhöhe sind mit einem Anteil von 75% im gesamtstädtischen Vergleich zufriedener mit der Zusammensetzung der Bewohner in der Wohnumgebung.

Abbildung 17: Zufriedenheit der befragten Haushalte mit der Zusammensetzung der Nachbarschaft

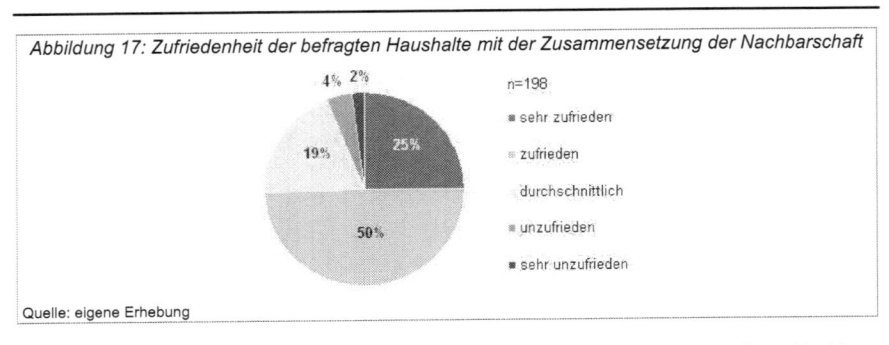

n=198
- sehr zufrieden: 4%
- zufrieden: 25%
- durchschnittlich: 50%
- unzufrieden: 19%
- sehr unzufrieden: 2%

Quelle: eigene Erhebung

Bemerkenswert ist, dass sich einige Befragte über die Zusammensetzung ihrer Nachbarschaft nicht äußern können. Diese Gruppe der Befragten, ist bereits ein Hinweis darauf, dass das Interesse an engeren sozialen Beziehungen zu anderen Bewohnern nicht allzu groß ist.

4.2.2.2 Intensität der Kontakte mit der Nachbarschaft

Die Ergebnisse zur Frage nach der Intensität der nachbarschaftlichen Kontakte unterstreicht diese Vermutung. Die meisten befragten Bewohner kennen ihre Nachbarn nur flüchtig, 28% der Befragten helfen sich auch mal bei kleineren Angelegenheiten aus. Die ersten drei Antworten in Abbildung 18, die sich als passives Verhältnis zusammenfassen lassen, umfassen einen enormen Anteil von 83%. Wirklich befreundet mit Nachbarn sind nur 16% der Befragten, Streit und Ärger mit Nachbarn gibt es nur sehr selten.

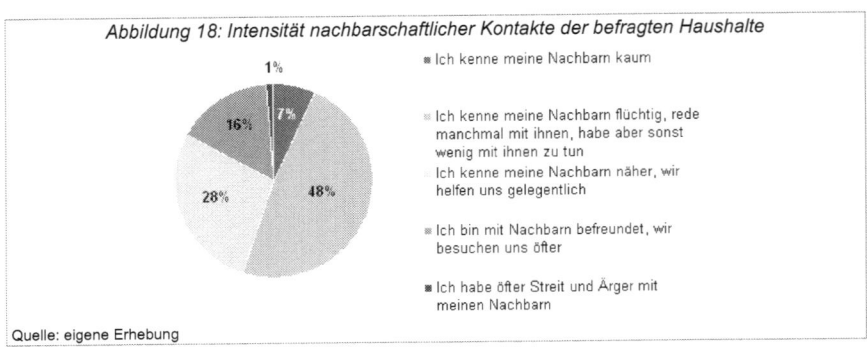

Abbildung 18: Intensität nachbarschaftlicher Kontakte der befragten Haushalte

- Ich kenne meine Nachbarn kaum: 7%
- Ich kenne meine Nachbarn flüchtig, rede manchmal mit ihnen, habe aber sonst wenig mit ihnen zu tun: 48%
- Ich kenne meine Nachbarn näher, wir helfen uns gelegentlich: 28%
- Ich bin mit Nachbarn befreundet, wir besuchen uns öfter: 16%
- Ich habe öfter Streit und Ärger mit meinen Nachbarn: 1%

Quelle: eigene Erhebung

Der Vergleich mit der Münchner Bürgerbefragung 2000 (vgl. a.a.O., S.81) zeigt, dass im Quartier Theresienhöhe der Anteil derer, die sich nur flüchtig kennen, viel größer ist (München: 38%). Nähere Bekanntschaften hingegen kommen seltener vor (München: 40%). Eine Erklärung hierfür ist, dass die Bewohner auf der Theresienhöhe zum Teil erst seit kurzem hier wohnen. Etwa 40% der Befragten sind innerhalb des letzten Jahres auf die Theresienhöhe gezogen, ca. 80% wohnen zum Befragungszeitpunkt seit maximal zwei Jahren hier. Die Differenzen zur Münchner Bürgerbefragung 2000 verdeutlichen, dass die Entwicklung von sozialen Beziehungen ein Prozess ist. Die gesamtstädtischen Werte können als Prognose für die nachbarschaftlichen Kontakte auf der Theresienhöhe interpretiert werden. Mit der Zeit werden sich aus einigen flüchtigen Kontakten noch nähere Bekanntschaften entwickeln. Der Anteil der Freundschaften in der Untersuchung der Theresienhöhe hat bereits den Wert der Bürgerbefragung (14%) erreicht, genauso wie die Anteile derer, die Streit haben mit ihren Nachbarn (1%) oder sie kaum kennen (7%).

Wie in der Münchner Bürgerbefragung 2000 lässt sich auch in dieser Untersuchung über die Theresienhöhe ein Zusammenhang erkennen zwischen der Zufriedenheit mit der Zusammensetzung der Nachbarschaft und den nachbarschaftlichen Beziehungen. Mit sinkender Zufriedenheit mit der Bewohnerzusammensetzung nimmt die Stärke der nachbarschaftlichen Beziehungen ab. Die Hypothesen 7 und 8 werden also in der vorliegenden Untersuchung voll und ganz bestätigt.

> Hypothese 7 „Das Verhältnis zu den Nachbarn ist überwiegend passiv."
> Hypothese 8 „Personen, die mit der Zusammensetzung der Nachbarschaft unzufriedener sind, haben weniger Kontakt zu den Nachbarn"

4.2.2.3 Nachbarschaftliche Kontakte in verschiedenen Haushaltsgruppen

Das Ausmaß der nachbarschaftlichen Beziehungen ist in den verschiedenen Bevölkerungs- und Haushaltsgruppen durchaus unterschiedlich ausgeprägt, da manche Gruppen auf Kontakte in der nahen Umgebung mehr angewiesen sind als andere. Im Folgenden werden Zusammenhänge zwischen der Intensität der Kontakte und Merkmalen verschiedener Haushalts- und Bevölkerungsgruppen aufgezeigt.

Die Betrachtung der Haushaltstypen zeigt eine unterschiedliche Verteilung der Intensität der Kontakte. Befragte Haushalte mit Kindern haben mit 23% einen doppelt so hohen Anteil an nachbarschaftlichen Freundschaften wie Erwachsenenhaushalte. Dabei nimmt der Anteil der freundschaftlichen Beziehungen in der Nachbarschaft mit der Anzahl der Kinder zu.

Auch mit der Haushaltsgröße nehmen die aktiven Kontakte zu (Abbildung 19). Während bei Einpersonenhaushalten 68% ihre Nachbarn nur flüchtig kennen, sind Bekanntschaften bei Fünfpersonenhaushalten nur bei 26% der Haushalte flüchtig. Bei Einpersonenhaushalten haben 8% Freundschaften in der Nachbarschaft, bei den Fünfpersonenhaushalten sind 36% mit Nachbarn befreundet.

4 Ergebnisse der Untersuchung

Abbildung 19: Intensität nachbarschaftlicher Kontakte der Befragten nach Haushaltsgröße[10]

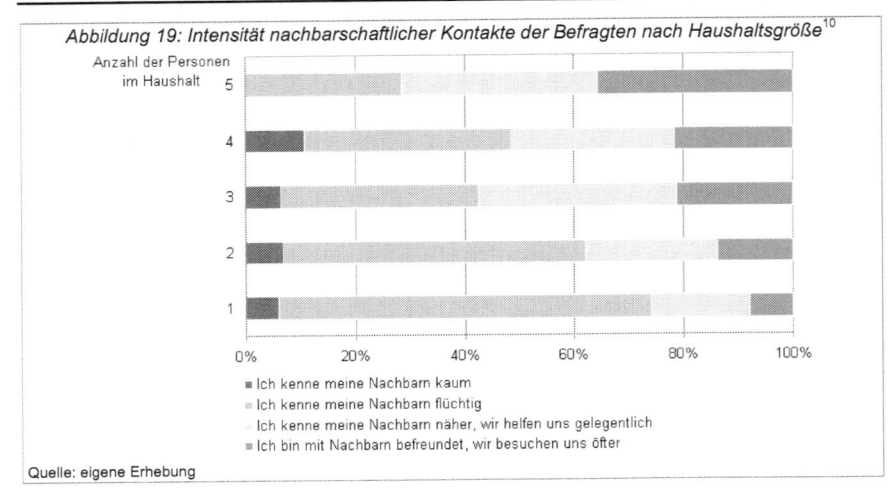

[Balkendiagramm: Anzahl der Personen im Haushalt (1-5) auf der y-Achse, Prozent (0%-100%) auf der x-Achse. Legende: Ich kenne meine Nachbarn kaum / Ich kenne meine Nachbarn flüchtig / Ich kenne meine Nachbarn näher, wir helfen uns gelegentlich / Ich bin mit Nachbarn befreundet, wir besuchen uns öfter]

Quelle: eigene Erhebung

Ein Blick auf das Haushaltsnettoeinkommen zeigt, dass mit zunehmenden Einkommen die freundschaftlichen Kontakte in der Nachbarschaft abnehmen. Während untersuchte Haushalte mit einem Einkommen zwischen 1.100 Euro und 1.600 Euro zu einem Viertel mit Nachbarn befreundet sind, haben bei Haushalten mit einem Einkommen über 5.000 Euro im Monat nur 15% der Haushalte Freundschaften in der Nachbarschaft.

Unterschiede zwischen den Finanzierungsarten bei den nachbarschaftlichen Kontakten sind nicht sehr ausgeprägt. Interessant ist, dass im genossenschaftlichen Wohnen die näheren Bekanntschaften und Freundschaften häufiger vertreten sind als im restlichen freifinanzierten Bereich. Die Haushalte im genossenschaftlichen Wohnungsbau haben sich bewusst für eine Hausgemeinschaft entschieden, was sich in dieser Verschiebung hin zu intensiveren Kontakten zeigt.

In der Münchner Bürgerbefragung 2000 wurden ähnliche Verhältnisse festgestellt. Die Befragung ergab, dass nachbarschaftliche Kontakte für große Haushalte, Familien und einkommensschwache Haushalte wichtiger als für andere Haushaltsgruppen sind. Darüber hinaus ergab die Münchner Bürgerbefragung 2000 eine erhöhte Bedeutung von nachbarschaftlichen Kontakten für Frauen, ausländischen Personen, älteren Leuten sowie Personen mit niedrigem Bildungsniveau (vgl. a.a.O.).

Ein erhöhter Anteil von aktiven Nachbarschaftsbeziehungen bei diesen Personengruppen kann in der vorliegenden Untersuchung für die Theresienhöhe nicht festgestellt werden. Bei befragten Haushalten aus dem ost- und südosteuropäischen Bereich jedoch hat sich durchaus ein überdurchschnittlicher Anteil (über 30%) an aktiven Kontakten und Freundschaften

---

[10] Aufgrund geringer Fallzahlen sind Sechspersonenhaushalte nicht dargestellt, gleiches gilt für die Ausprägung „ich habe öfter Streit und Ärger mit den Nachbarn"

entwickelt. Für ausländische Haushalte generell lassen sich keine intensiveren Kontakte als für deutsche Haushalte nachweisen.

Die Hypothesen 9 und 10 zur Intensität nachbarschaftlicher Kontakte sind Annahmen, die sich weitgehend bewahrheitet haben. Eine Spezifizierung ist bei der Intensität der Kontakte ausländischer Haushalte nötig. Nur für Haushalte aus Ost- und Südosteuropa trifft die Hypothese zu, dass ein aktives Verhältnis zu den Nachbarn besteht. Wie bereits festgestellt wurde gehören diese Haushalte oft zu einer einkommensschwächeren Gruppe. Es zeigt sich also, dass Kontakte in der Wohnumgebung für Haushalte mit Kindern, für einkommensschwache Haushalte und speziell einkommensschwache ausländische Haushalte wichtiger als für andere sind.

> Hypothese 9 „Das Verhältnis zu den Nachbarn wird durch die räumliche Nähe unterschiedlicher Wohnungsteilmärkte nicht intensiver."
>
> Hypothese 10 „Familien, einkommensschwache Haushalte, ausländische Haushalte und Haushalte in Genossenschaftswohnungen haben ein aktives Verhältnis zu Nachbarn."

4.2.2.4 Fazit

Zusammenfassend zeigt die Befragung auf der Theresienhöhe, dass die nachbarschaftlichen Kontakte eher passiv sind. Im gesamtstädtischen Vergleich ist die Intensität eher unterdurchschnittlich was sich mit längeren Wohnzeiten aber noch verbessern kann.

Räumliche Nähe durch die Finanzierungsarten führt nicht zu intensiveren Kontakten. Intensivere Kontakte hängen von den Haushaltsstrukturen ab. Dabei kann man auch davon ausgehen, dass die Kontakte innerhalb der jeweiligen Gruppe bestehen und nicht strukturübergreifend sind. Familien mit Kindern pflegen intensive Kontakte zu anderen Familien mit Kindern, Haushalte des genossenschaftlichen Wohnungsbaus sind untereinander befreundet.

Trotz räumlicher Nähe verschiedener Haushalts- und Bevölkerungsgruppen bleibt man weitgehend auf Distanz und bei seinen besseren Kontakten lieber unter sich.

Allerdings gibt es auch so gut wie keine Probleme mit Nachbarn. Ziel der sozialen Mischung ist es auch, eine gesunde Nachbarschaft zu schaffen. Dies scheint durch die Mischung sozialer Lebenslagen bisher gut gelungen. Zu Konflikten, die Folge und Ausdruck überforderter Nachbarschaften sind (vgl. HÄUSSERMANN 2004, S.160), kommt es im Quartier Theresienhöhe fast gar nicht.

4.2.3 Zuzugsverhalten der Bewohner

Warum sich welche Haushalte entschieden haben, auf die Theresienhöhe zu ziehen, ist eine wichtige Frage zur Erklärung der heutigen Situation im Quartier. Ein Fragenblock der

4 Ergebnisse der Untersuchung

Leitfrage beschäftigt sich mit dem Zuzugsverhalten der Bewohner. Speziell für die Überprüfung des Konzepts Theresienhöhe interessiert der Aspekt, ob Wohnungen auf der Theresienhöhe wirklich einer Abwanderung ins Umland entgegenwirken. Die Fragen zu diesem Untersuchungsfokus lauten:

> Welche Motive haben private Haushalte für den Zuzug?
> Für wen sind innerstädtische Neubauviertel attraktiv?
> Wird durch Wohnraum auf der Theresienhöhe wirklich eine Abwanderung ins Umland verhindert?

4.2.3.1 Herkunftsräume der Haushalte

Unter den befragten Haushalten haben die meisten vorher bereits in München gewohnt. Die Karte zu den Herkunftsräumen der Haushalte (Abbildung 20) zeigt, dass sehr viele der Befragten sogar in der direkten Umgebung zur Theresienhöhe ihr Zuhause hatten. Zu beachten ist dabei, dass einige befragte Haushalte im genossenschaftlichen Wohnungsbau vorher im gleichen Postleitzahlgebiet in einer Genossenschaftswohnung lebten. Sie erhielten das Angebot, in eine größere Wohnung im Genossenschaftsblock auf der Theresienhöhe zu ziehen. Doch auch ohne diese Haushalte konzentrieren sich die Lagen der alten Wohnungen der befragten Haushalte auf die nähere Umgebung der Theresienhöhe. Der Münchner Innenstadtbereich ist der Bereich, aus dem die meisten befragten Haushalte zuziehen. Ein Blick über die Stadtgrenzen hinaus zeigt, dass untersuchte Haushalte aus Bayern (ohne München) auch überwiegend aus dem Süden zuziehen. Die Herkunftsgemeinden in Bayern zeichnet sich durch einen hohen Kaufkraftindex aus (vgl. VORAUER-MISCHER 2002, S.117). Wer also vom Land ins Quartier Theresienhöhe zieht, kommt aus einer wohlhabenden Gegend.

Hypothese 11 kann durch die Untersuchung bestätigt werden. Die Theresienhöhe ist häufig das Ziel von Nahwanderern. Ein Vergleich mit der Gesamtstadt

> *Hypothese 11 „Ein Großteil der Bewohner hat vorher auch schon in München gewohnt."*

(Tabelle 14) zeigt, dass bei den Befragten dieser Untersuchung die Stadt München als Herkunftsraum stark überrepräsentiert ist. Daraus lässt sich folgern, dass die Theresienhöhe eine besonders starke Anziehungskraft auf Münchner Haushalte hat.

Tabelle 14: Zuzüge der befragten Haushalte nach Herkunftsräumen im Vergleich zur Gesamtstadt

	Stadt München in %	Theresienhöhe in %
Umzüge in München	53	81
Zuzüge aus dem Umland (Region 14)	7	12
Zuzüge aus Deutschland ohne Umland	19	
Zuzüge aus dem Ausland	21	7
Zuzüge insgesamt	**100**	**100**

Quelle MALECEK 2003, S.192; eigene Erhebung

4 Ergebnisse der Untersuchung

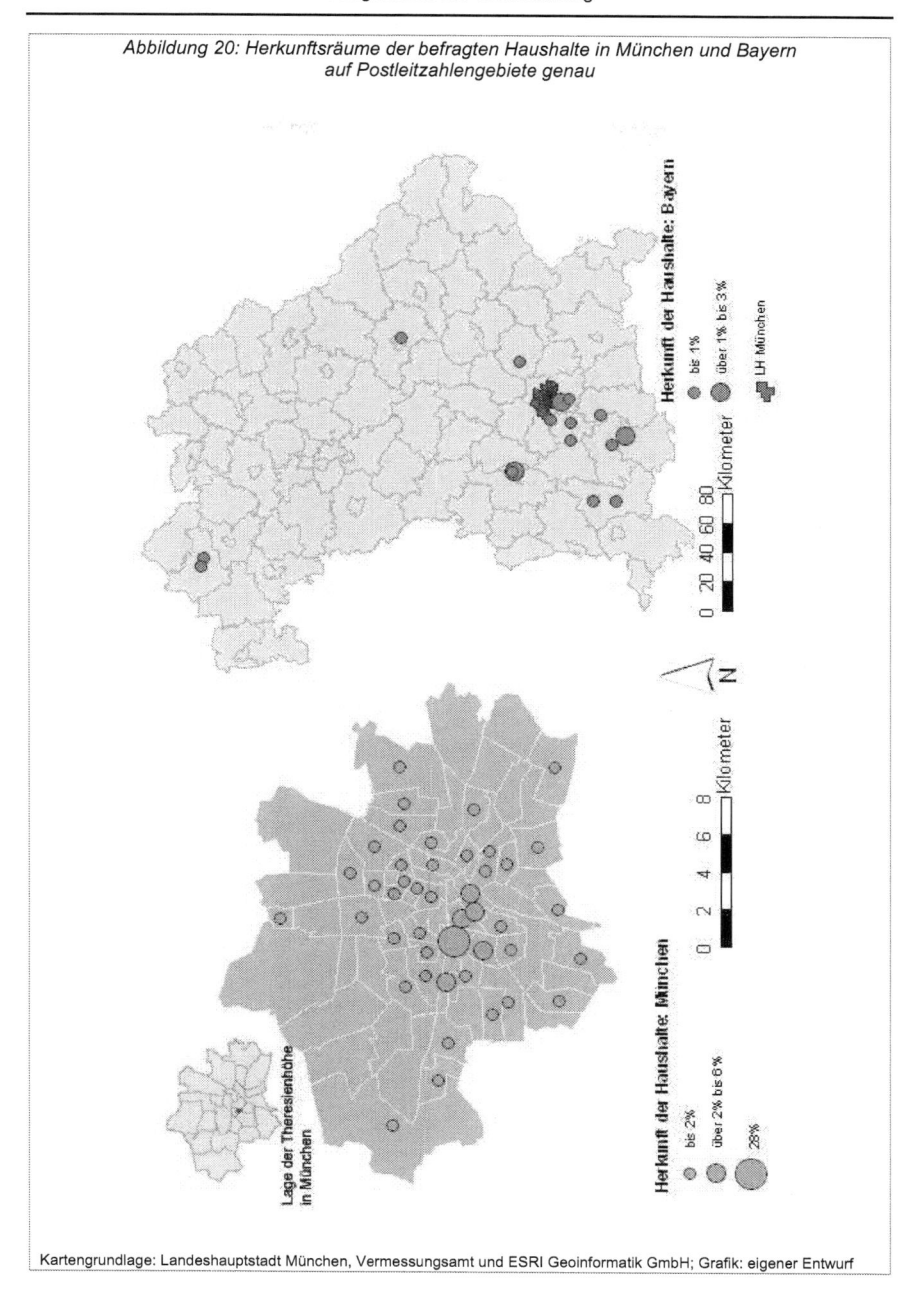

Abbildung 20: Herkunftsräume der befragten Haushalte in München und Bayern auf Postleitzahlengebiete genau

Kartengrundlage: Landeshauptstadt München, Vermessungsamt und ESRI Geoinformatik GmbH; Grafik: eigener Entwurf

Eine Erklärung für die hohe Anzahl an Münchnern unter den Befragten bietet der geförderte Wohnungsteilmarkt. Das Konzept des München Modells beinhaltet, Haushalte zu fördern, die bereits in München wohnen. Außerdem sollen Pendler, die in München und Umgebung arbeiten, arbeitsplatznah mit Wohnraum versorgt werden. Auch das Angebot an Sozialwohnungen richtet sich an Münchener Haushalte.

Alle Befragten, deren Herkunftsraum außerhalb Bayerns oder im Ausland liegt, wohnen daher im freifinanzierten Wohnungsteilmarkt. Dennoch ist auch im freifinanzierten Wohnungsteilmarkt der Anteil der Befragten, die vorher bereits in München gewohnt haben, mit 72% im gesamtstädtischen Vergleich sehr hoch (65% ohne Haushalte in Genossenschaftswohnungen). Das bedeutet, dass auch der nicht geförderte Wohnraum auf der Theresienhöhe vor allem für die Münchner Bevölkerung sehr attraktiv ist.

Ein Blick auf die Haushaltsstruktur zeigt, dass die befragten Haushalte mit Kindern öfter aus München kommen als die kinderlosen Haushalte (Abbildung 21). Dieses Ergebnis ist bereits ein Hinweis darauf, dass familienbezogene Gründe für einen Umzug meist zu einer Wanderung innerhalb einer Region führt.

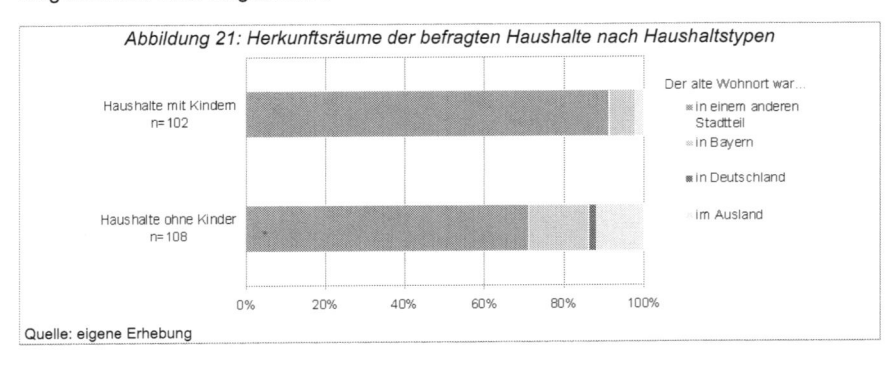

Abbildung 21: Herkunftsräume der befragten Haushalte nach Haushaltstypen

Quelle: eigene Erhebung

4.2.3.2 Gründe für den Umzug

Jeder Befragte Haushalt nennt im Durchschnitt drei Gründe, die wichtig für den Umzug auf die Theresienhöhe waren. Die fünf am häufigsten genannten Gründe sind in Abbildung 22 dargestellt. Dabei werden die Gründe „Alte Wohnung zu klein" und „Vergrößerung des Haushalts" oft in Kombination genannt.

Fast die Hälfte der untersuchten Haushalte war auf der Suche nach einer größeren Wohnung. Interessant ist, dass der Wunsch, nahe am Stadtzentrum zu wohnen, unter den drei am häufigsten genannten Gründen anzufinden ist. Die innerstädtische Lage der Wohnung ist für jeden fünften der befragten Haushalte ein wichtiger Grund, auf die Theresienhöhe zu ziehen.

4 Ergebnisse der Untersuchung

Abbildung 22: Am häufigsten genannte Umzugsgründe der befragten Haushalte

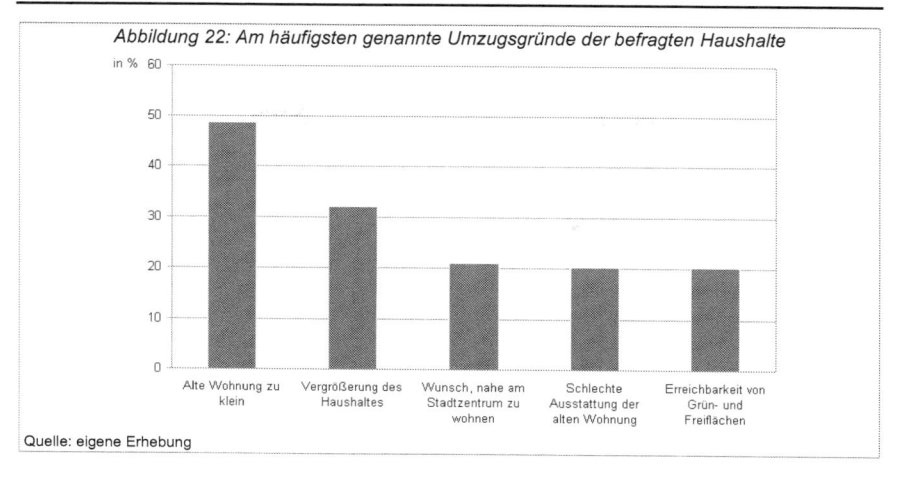

[Balkendiagramm: Alte Wohnung zu klein (~48%), Vergrößerung des Haushaltes (~31%), Wunsch, nahe am Stadtzentrum zu wohnen (~20%), Schlechte Ausstattung der alten Wohnung (~19%), Erreichbarkeit von Grün- und Freiflächen (~19%)]

Quelle: eigene Erhebung

Fasst man die Umzugsgründe mehr zusammen, so werden am häufigsten Gründe, welche die Wohnung oder das Wohnumfeld betreffen, angegeben. Dabei werden beim Wohnumfeld (neben dem Wunsch, nahe am Stadtzentrum zu wohnen und der Erreichbarkeit von Grün- und Freiflächen) der Wunsch nach einer besseren Wohnumgebung (18%) genannt und die schlechten Lebensbedingungen für Kinder als negative Beschreibung der alten Wohnumgebung (17%). 12% der Befragten geben an, dass sie explizit in dem Stadtviertel Theresienhöhe wohnen wollen.

Bei haushaltsbezogenen und familiären Gründen werden überwiegend die Vergrößerung des Haushalts oder die Gründung eines neuen Haushalts genannt. Am seltensten werden arbeitsplatz- oder ausbildungsplatzbezogene Gründe angeführt (Abbildung 23).

Abbildung 23: Umzugsgründe der befragten Haushalte in Kategorien und Herkunftsräume

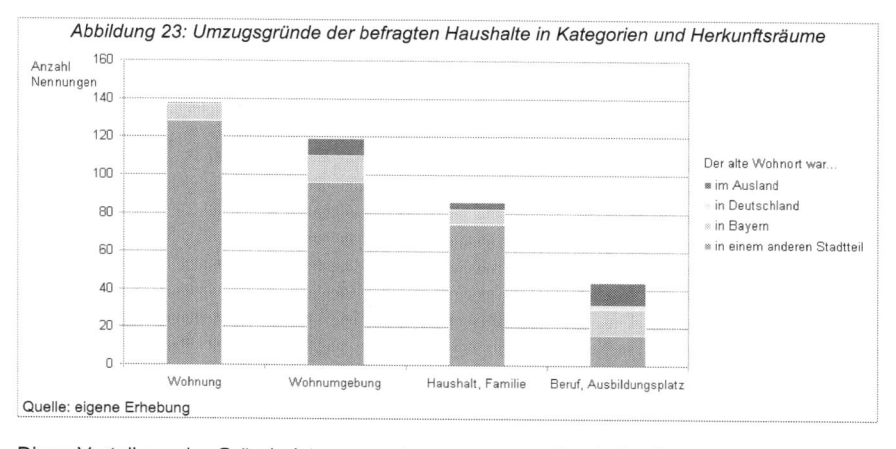

[Gestapeltes Balkendiagramm mit Kategorien: Wohnung, Wohnumgebung, Haushalt/Familie, Beruf/Ausbildungsplatz; Legende: Der alte Wohnort war... im Ausland, in Deutschland, in Bayern, in einem anderen Stadtteil]

Quelle: eigene Erhebung

Diese Verteilung der Gründe ist zu erwarten, wenn man die Herkunftsräume der untersuchten Haushalte in die Betrachtung mit einbezieht (Abbildung 23). Bei wohnungs- oder wohnumgebungsbezogenen Gründen oder haushaltsbezogenen Gründen erfolgt meist ein Umzug innerhalb einer Stadt oder eines Stadtteils. Werden berufs- und arbeitsplatzbezogene Gründe genannt, waren die Umzüge der untersuchten Haushalte öfter interregional.

Die hypothetische Annahme 12 kann durch die vorliegende Untersuchung also bestätigt werden. Die Zusammenhänge zwischen Umzugsgründen und Wanderungsdistanz, wie sie in der Literatur dargestellt werden, treffen auch bei die Untersuchung der Theresienhöhe zu.

> Hypothese 12 „Haben die Haushalte vorher schon in München gewohnt, sind die Umzugsgründe wohnungsbezogen, kommen die Haushalte von außerhalb der Region München, sind die Gründe arbeitsplatzbezogen."

Unterschiede in den Umzugsmotiven zwischen Haushalten mit Kindern und kinderlosen Haushalten können ebenfalls in der Untersuchung ausgemacht werden. Wohnumgebungsbezogene Umzugsgründe werden unterteilt in negative Aspekte der alten Wohnumgebung, positive Aspekte der neuen Wohnumgebung generell und positive Aspekte, die speziell das Quartier Theresienhöhe beschreiben. Bedingungen der alten Wohnung und der alten Wohnumgebung sind bei befragten Haushalten mit Kindern (53% der Nennungen) öfter Grund zum Umzug ins Quartier Theresienhöhe als bei Haushalten ohne Kinder (30%). Bei kinderlosen Haushalten nehmen dafür Faktoren der neuen Wohnumgebung eine wichtigere Rolle bei der Umzugsentscheidung ein (34%) als bei Haushalten mit Kindern (21%).

Eine Betrachtung der Umzugsgründe nach Wohnungsteilmärkten zeigt Abbildung 24. Die freifinanzierten Haushalte im Gegensatz zu den geförderten Haushalten nennen öfter die Vorteile der neuen Wohnumgebung und speziell der Theresienhöhe als Nachteile der alten Wohnung und Wohnumgebung.

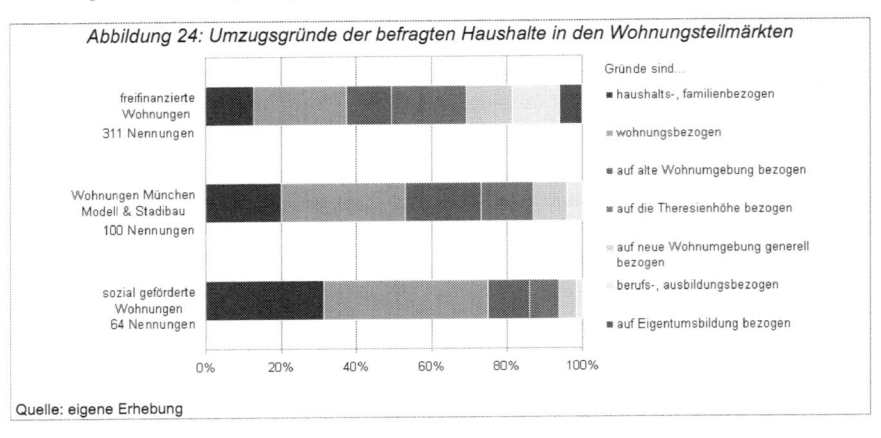

Abbildung 24: Umzugsgründe der befragten Haushalte in den Wohnungsteilmärkten

Gründe sind...
- haushalts-, familienbezogen
- wohnungsbezogen
- auf alte Wohnumgebung bezogen
- auf die Theresienhöhe bezogen
- auf neue Wohnumgebung generell bezogen
- berufs-, ausbildungsbezogen
- auf Eigentumsbildung bezogen

Quelle: eigene Erhebung

Bei den unterschiedlichen Einkommensgruppen ist der Zusammenhang mit den Umzugsgründen weniger deutlich. Allerdings lässt sich feststellen, dass Gründe, die explizit für die Theresienhöhe sprechen, eher von besserverdienenden Haushalten genannt werden, während die wohnungsbezogenen Gründe mit steigendem Einkommen tendenziell abnehmen.

> Hypothese 13 „Bei Haushalten mit besserer sozioökonomischer Lage (kinderlose und einkommensstarke Haushalte, Haushalte des freifinanzierten Bereichs) sind die Vorteile der Theresienhöhe für den Zuzug wichtiger als bei Haushalten mit schlechterer sozioökonomischer Lage (Haushalte mit Kindern, einkommensschwächere Haushalte, Haushalte des geförderten Bereichs)."

Hypothese 13 trifft also für die vorliegende Untersuchung zu. Die Haushalte haben aufgrund ihrer sozioökonomischen Lage unterschiedliche Wahlmöglichkeiten bei der Suche nach einem neuen Wohnstandort. Die Vorteile des neuen Wohnstandorts sind für den Zuzug auf die Theresienhöhe wichtige Gründe bei Haushalten mit mehr Wahlmöglichkeit. Nachteile der alten Wohnung und Wohnumgebung stellen hingegen öfter Umzugsmotive schlechter gestellter Haushalte dar.

4.2.3.3 Alternative Wohnstandorte

Alternative Wohnstandorte können Aufschluss darüber geben, worauf die befragten Haushalte bei der Wohnungssuche geachtet haben. Generell haben nur gut die Hälfte (56%) der befragten Haushalte alternative Wohnstandorte in Betracht gezogen. Dabei ist der Anteil der untersuchten Haushalte im freifinanzierten Bereich, die sich auch woanders umgesehen haben, mit 63% überdurchschnittlich. Bei den befragten Haushalten, die auf der Theresienhöhe in ihrer Eigentumswohnung wohnen, ist der Anteil derer, die alternative Wohnstandorte in Betracht gezogen haben, mit fast 80% sehr hoch. Eine Erklärung dafür ist, dass der Erwerb von Wohneigentum intensiver vorbereitet wird als der Umzug in eine Mietwohnung. Für 29% derer, die sich auch woanders nach Eigentum umsahen, waren Wohnorte im Umland interessant.

Von den untersuchten Haushalten auf der Theresienhöhe, die noch woanders nach einer Wohnung suchten, interessierte sich ein sehr hoher Anteil nur für Wohnorte in München (83%). Bei den untersuchten Familien mit Kindern erkennt man, dass ein höherer Anteil dieser Haushalte auch eine Wohnung im Umland in Betracht gezogen hat (25%). Diese Tendenz zeigt, dass einige der untersuchten Haushalte mit Kindern potentielle Suburbanisierer waren, der Wohnungsbau auf der Theresienhöhe dem aber entgegengewirkt hat. Bei Dreiviertel der befragten Haushalte mit Kindern stand aber ein Umzug ins Umland gar nicht zur Diskussion.

Ein Blick auf die unterschiedlichen Wohnungsteilmärkte zeigt, dass sich vor allem untersuchte Haushalte des geförderten Wohnungsbaus (München Modell und Stadibau GmbH

Wohnungen 30%) auch im Umland nach einer neuen Wohnung umgesehen haben. Wie bereits festgestellt wurde, ist in diesem Wohnungsteilmarkt der Anteil der Haushalte mit Kindern sehr hoch. Für die Hypothese 14 lässt sich daraus folgern, dass vor allem durch die Möglichkeit von verbilligtem Wohnraum Haushalte eine Alternative zur Suburbanisierung erhalten. Meist handelt es sich dabei um größere Haushalte und Haushalte mit Kindern. Durch diese Untersuchung kann aber nicht festgestellt werden, wie viele Haushalte sich bei der Wahl zwischen einer Wohnung auf der Theresienhöhe und im Umland gegen das Quartier Theresienhöhe entschieden haben.

> *Hypothese 14 „Für junge Familien ist die Theresienhöhe eine Alternative zum Umland."*

Ein Blick auf die Stadtviertel, die für die befragten Bewohner der Theresienhöhe als Alternative in Frage gekommen sind, lässt Vermutungen darüber zu, was die Haushalte vom Quartier Theresienhöhe erwartet haben. Generell werden viele Stadtviertel nur einmal genannt. Öfter geben die Befragten die Stadtviertel Schwabing, Neuhausen und Nymphenburg, Haidhausen, Glockenbach und Sendling an. Es handelt sich dabei um attraktive Wohnviertel, die sich alle innerhalb des mittleren Rings befinden. Teilweise sind die Viertel gentrifiziert (Haidhausen und Glockenbachviertel) oder befinden sich gerade in einem Aufwertungsprozess (Sendling). Den Vierteln, mit denen sich das Quartier Theresienhöhe bei der Wohnungssuche der Befragten messen lassen muss, werden gute Wohnlagen und ein positives Image zugeschrieben. Mehrere Nennungen gab es auch für andere Neubaugebiete wie Parkstadt Schwabing oder Ackermannbogen.

Von den befragten Haushalten kannten 45% das Gelände der Theresienhöhe vor dem Zuzug gut bis sehr gut, ein ähnlich großer Anteil von 41% kannte die Umgebung wenig oder gar nicht. Dabei sind es vor allem die untersuchten Haushalte mit Kindern, denen die Theresienhöhe bereits bekannt war (58%). Mit der Kinderzahl nimmt die Bekanntheit der Theresienhöhe zu. Dieses Ergebnis deutet darauf hin, dass Haushalte mit Kindern mehr auf ihre Wohnumgebung angewiesen sind, da sie sich bereits im Vorfeld mehr darum kümmern, ob das Wohnumfeld ihren Ansprüchen genügt. Fast die Hälfte (46%) der befragten Haushalte leben auf der Theresienhöhe in ihrem absolut liebsten Wohnort. Auch wenn sie ganz frei wählen könnten, würden sie auf der Theresienhöhe wohnen.

4.2.3.4 Fazit

Die Theresienhöhe bietet attraktiven Wohnraum für Münchner Haushalte. Der Wunsch, nahe am Stadtzentrum zu wohnen, ist dabei ein wichtiger Grund für den Zuzug auf die Theresienhöhe. Für einige Haushalte steht die Theresienhöhe auf einer Stufe mit beliebten Innenstadtvierteln, die sich durch alte Bausubstanz auszeichnen wie Schwabing und Maxvorstadt, Glockenbachviertel oder Neuhausen-Nymphenburg.

Das Ziel, einer Abwanderung ins Umland entgegenzuwirken, wird insofern erreicht, dass sich einige potentielle Umlandwanderer für die Theresienhöhe entschieden haben. Verstärkt bei Familien und größeren Haushalten kann der geförderte Wohnungsbau eine Abwanderung ins Umland verhindern. Im freifinanzierten Wohnungsteilmarkt bietet die Theresienhöhe Haushalten, die im Eigentum wohnen, eine Alternative zum Umland. Für einen Großteil der befragten Bewohner kommt ein Wegzug aus der Stadt aber sowieso nicht in Frage.

4.2.4 Identität, Identifikation und Integration

Charakteristische Merkmale auf der Theresienhöhe können einige sein: die Bavaria, die Jugendstil-Messehallen und der Wohnturm von Steidle sind Bauwerke, die im Konzept für die neue Theresienhöhe als Kennzeichen der Theresienhöhe betrachtet werden um eine eigene Identität zu entwickeln. Aber auch die Integration in die anliegenden Stadtviertel spielt eine wichtige Rolle im Konzept der Theresienhöhe. Die Fragen zu diesem Themenblock lauten:

> Womit identifizieren sich die Bewohner?
> Ist die Theresienhöhe aus Sicht der Bewohner eine neue Insel in der Stadt oder gliedert sie sich in die anliegenden Stadtviertel ein?

4.2.4.1 Wahrzeichen und charakteristische Merkmale der Theresienhöhe

Eine Mehrheit von 81% der befragten Haushalte geben an, dass es für sie ein Wahrzeichen für das Quartier Theresienhöhe gibt. Dabei nennen die meisten Befragten spontan die Bavaria (Abbildung 25). Die Jugendstil-Messehalle nennen insgesamt 44% der Befragten, für die es ein Wahrzeichen gibt, die meisten davon erst auf Nachfrage. Über die Hälfte der Befragten sehen aber weder die alten Messehalle noch den Wohnturm von Steidle als charakteristisches Merkmal ihrer Wohnumgebung. Einige nennen die Theresienwiese und die Veranstaltungen auf ihr als Wahrzeichen (3,9%), die Skulpturen im Park (3,7%) oder den Park an sich (2,5%). Auch die Ruhmeshalle und das Verkehrsmuseum bezeichnen Befragte als Wahrzeichen.

Die Untersuchung zeigt, dass vor allem durch die Bavaria und den Bavariapark die Theresienhöhe über charakteristische Merkmale verfügt, die den Bewohnern bei der Identifikation mit dem Quartier helfen. Der Wiederaufbau der Messehalle und der moderne Wohnturm des Architekten Steidle tragen aus Sicht der Befragten nur wenig zur lokalen Identität der Theresienhöhe bei.

4 Ergebnisse der Untersuchung

Abbildung 25: Wahrzeichen des Quartiers für die befragten Bewohner

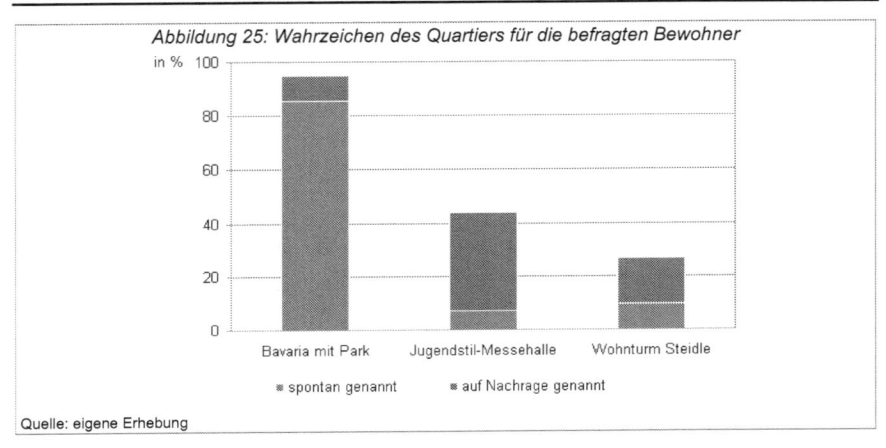

[Balkendiagramm: Bavaria mit Park ~95%, Jugendstil-Messehalle ~45%, Wohnturm Steidle ~28%; unterschieden nach „spontan genannt" und „auf Nachrage genannt"]

Quelle: eigene Erhebung

Hypothese 15 wird durch die Ergebnisse der Befragung weitgehend bestätigt. Eine Ausnahme bilden die alten Messehallen. Die Geschichte der Theresienhöhe als altes Messegelände scheint den befragten Bewohnern nicht bewusst zu sein oder ihnen nicht bei der Identifikation mit ihrem Quartier zu helfen. Eine andere Möglichkeit ist, dass der Wiederaufbau der Jugendstil-Halle erst fertiggestellt werden muss damit es für die Bewohner als Merkmal angenommen wird. Auffällig ist, dass alle genannten Wahrzeichen im Norden der

> Hypothese 15 „Die alten städtebaulichen Strukturen (Bavaria und Park, Ruhmeshalle, alte Messehallen und Theresienwiese) sind für die Bewohner Identitätsmerkmale der Theresienhöhe."
>
> Hypothese 16 „Bewohner im Süden der Theresienhöhe nennen seltener Merkmale als Bewohner des Nordteils."

Theresienhöhe liegen. (Abbildung 26) Wie in Hypothese 16 angenommen, lässt sich ein Zusammenhang feststellen zwischen der Wohnlage der Haushalte und der Antwort ob es ein Wahrzeichen gibt oder nicht. Im sozial geförderten Wohnungsbau ist der Anteil derer, die ein Wahrzeichen nennen können, geringer (55%) als in den anderen beiden Wohnungsteilmärkten (jeweils über 80%).

Es ist anzunehmen, dass die räumliche Verteilung der Wohnungsteilmärkte Grund dafür ist, dass die Befragten des sozial geförderten Wohnungsbaus nicht in dem durchschnittlichen Maß ein Wahrzeichen der Theresienhöhe nennen. Denn ein Blick auf die unterschiedlichen Haushaltstypen zeigt, dass in der Stichprobe keine großen Unterschiede nachgewiesen werden können, ob es ein Wahrzeichen gibt oder nicht. Das bedeutet, die Baustellen auf dem Bahndeckel und der Messetiefgarage sowie die weite Entfernung zu den Wahrzeichen führen dazu, dass sich nicht alle Bewohner mit ihrem Stadtquartier identifizieren.

4.2.4.2 Lieblingsplätze der Bewohner im Wohnumfeld

Die Frage, ob es für die Bewohner einen Lieblingsplatz auf der Theresienhöhe gibt, dient als Indikator dafür, ob sich die Bewohner in ihrer Wohnumgebung wohlfühlen und sich gerne hier aufhalten. Es wird auch davon ausgegangen, dass Personen, die sich gerne in ihrer Wohnumgebung aufhalten, sich stärker mit ihrem Quartier identifizieren. Wie bei der Frage nach einem Wahrzeichen wird auch die Frage nach einem Lieblingsplatz in der Wohnumgebung von den meisten befragten Bewohnern mit ja beantwortet.

Hypothese 17 trifft auf 80% der Befragten zu. Dabei ist die Verteilung in den unterschiedlichen Haushaltstypen und -größen nicht sehr unterschiedlich. Ob Familien mit Kindern oder Singlehaushalte, in allen Haushaltsgruppen gibt es einen sehr hohen Anteil von Haushalten, die einen Lieblingsplatz nennen. Die Karte zeigt, dass die meisten Befragten ihren Lieblingsplatz im Bavariapark haben. Auch die Treppe zur Bavaria und die Theresienwiese sind beliebte Plätze zum Verweilen.

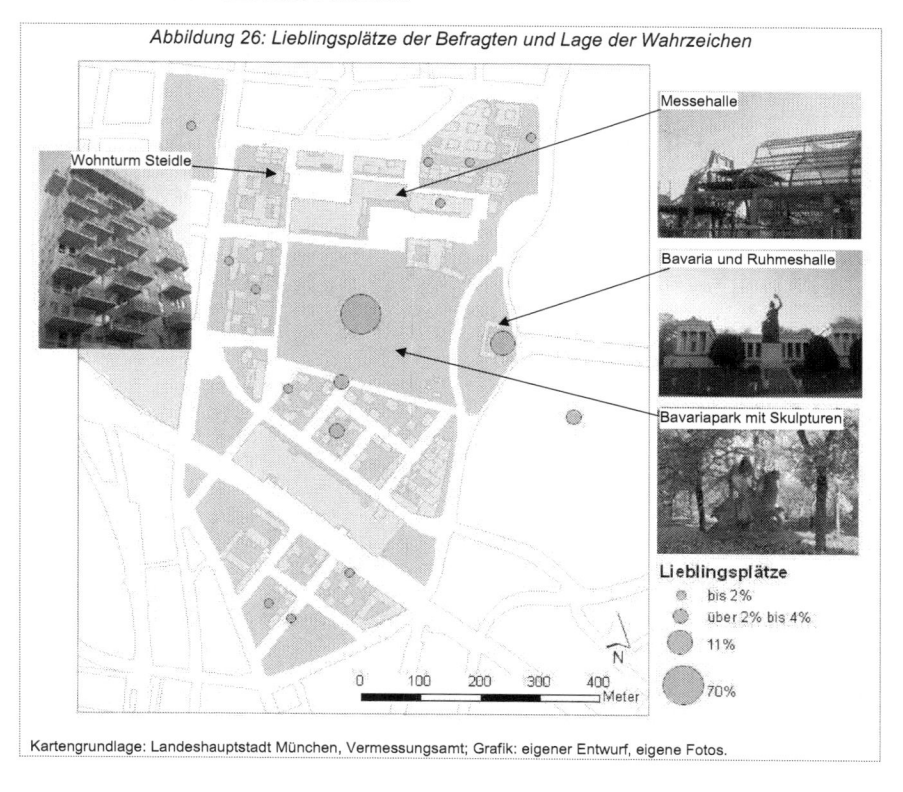

Hypothese 17 „Die meisten Bewohner halten sich gerne auf der Theresienhöhe auf."

Abbildung 26: Lieblingsplätze der Befragten und Lage der Wahrzeichen

Lieblingsplätze
- bis 2%
- über 2% bis 4%
- 11%
- 70%

Kartengrundlage: Landeshauptstadt München, Vermessungsamt; Grafik: eigener Entwurf, eigene Fotos.

4 Ergebnisse der Untersuchung

Aus der Verteilung der Lieblingsplätze lassen sich zwei Folgerungen ziehen. Zum einen zeigt sie die Wichtigkeit des gewachsenen Bavariaparks und der historischen Bauwerke. Wie die Wahrzeichen zeigen auch die Lieblingsplätze, dass die Identität des Quartiers und die attraktiven Plätze sehr von den Elementen profitieren, die bereits älter sind als die neu geplante Theresienhöhe. Dies ist ein großer Vorteil der Theresienhöhe als Neubaugebiet im Gegensatz zu Neubaugebieten ohne historischen Bezug. Der Park dient den Bewohnern nicht nur zur Naherholung. Er hat in der neu gebauten Umgebung auch die Funktion, Beständigkeit zu vermitteln und einen Bezug zur Geschichte und Identität der Stadt herzustellen.

Die zweite Folgerung baut auf der Verteilung der Lieblingsplätze auf. Auch sie konzentrieren sich im Nordteil der Theresienhöhe. Der Süden der Theresienhöhe scheint also weniger attraktiv zu sein, um seine Freizeit hier zu verbringen. Ein Blick auf die Wohnungsteilmärkte zeigt, dass auch bei den Lieblingsplätzen die Befragten des sozial geförderten Wohnungsbaus seltener einen Ort in der neugebauten Wohnumgebung haben, wo sie sich gerne aufhalten (Abbildung 27).

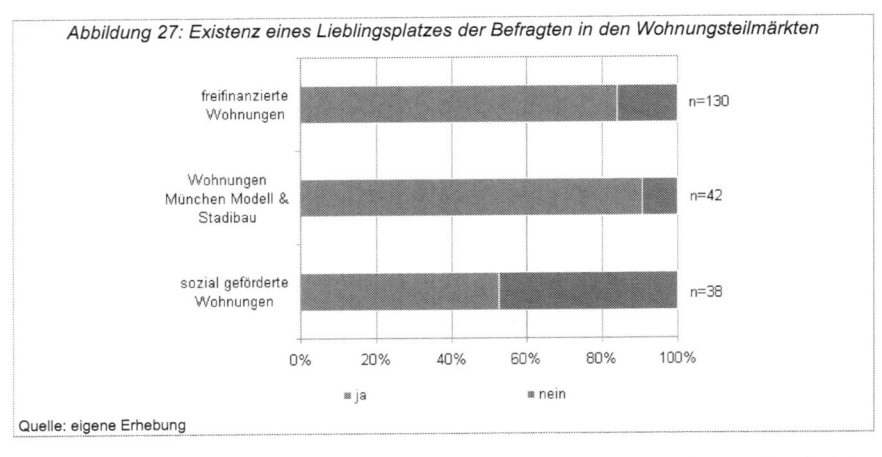

Abbildung 27: Existenz eines Lieblingsplatzes der Befragten in den Wohnungsteilmärkten

Quelle: eigene Erhebung

Wie bei den Wahrzeichen ist auch bei den Lieblingsplätzen in allen befragten Haushaltstypen der Anteil derer, die einen Lieblingsplatz nennen können, sehr hoch. Bei den Haushalten mit Kindern lässt sich eine leichte Tendenz dahingehend feststellen, dass öfter ein Ort in der Umgebung genannt werden kann (82% zu 77% bei Haushalten ohne Kinder). Dieses Ergebnis deutet darauf hin, dass Familien mit Kindern sich mehr im Wohnumfeld aufhalten. Die Tatsache, dass von den Befragten des sozialen Wohnungsbaus weniger einen Lieblingsplatz auf der Theresienhöhe nennen, kann zum einen bedeuten, dass sie sich nicht gerne hier aufhalten. In Verbindung mit den wenig genannten Wahrzeichen bedeutet dies, dass sie sich nicht mit dem Stadtquartier identifizieren. Dies weist auf eine Zweiteilung der Theresienhöhe hin und bedeutet, dass die Identifikationsmerkmale und die Lieblingsplätze mehr für Bewohner des Nordteils der neuen Theresienhöhe Bedeutung haben.

Es darf aber nicht vernachlässigt werden, dass die Haushalte im südlichen Teil der Theresienhöhe näher am Westpark als am Bavariapark wohnen. Wenn viele diese Verbindung nutzen, bedeutet dies einen wichtigen Beitrag zur Erfüllung des Ziels, ein Gleichgewicht zwischen eigenständiger Identität und Integration zu schaffen.

4.2.4.3 Integration in die angrenzenden Stadtviertel

Wie in Hypothese 18 angenommen, ist ein großer Teil der befragten Personen der Meinung, dass sich die Theresienhöhe noch nicht in die anliegenden Stadtviertel integriert hat, weil es noch etwas Zeit braucht. Über 33% der Befragten denkt allerdings, dass dies nie der Fall sein wird (Abbildung 28).

Hypothese 18 „Das neue Quartier ist noch nicht in die anliegenden Stadtviertel integriert, die Eingliederung wird sich mit der Zeit aber noch entwickeln."

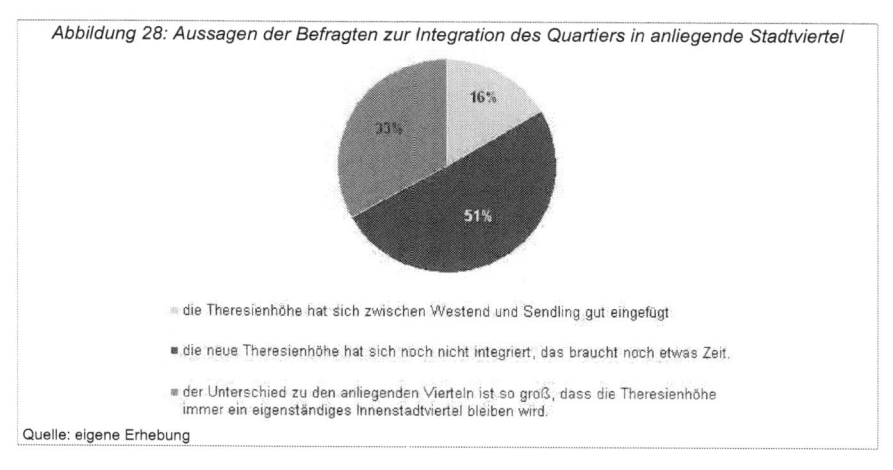

Abbildung 28: Aussagen der Befragten zur Integration des Quartiers in anliegende Stadtviertel

- die Theresienhöhe hat sich zwischen Westend und Sendling gut eingefügt
- die neue Theresienhöhe hat sich noch nicht integriert, das braucht noch etwas Zeit.
- der Unterschied zu den anliegenden Vierteln ist so groß, dass die Theresienhöhe immer ein eigenständiges Innenstadtviertel bleiben wird.

Quelle: eigene Erhebung

Ob sich die Theresienhöhe in ihr städtisches Umfeld integrieren wird, hängt nicht nur von der Meinung der Bewohner der Theresienhöhe ab, sondern auch von den Anwohnern. Allerdings zeigt die Befragung, dass ein Drittel der Befragten der Integration keine Chance gibt. Dadurch kann auch ausgedrückt werden, dass ein Teil der Bewohner gar keine Integration will und sich lieber als eigene Einheit sieht.

Fast ein Viertel der Befragten des sozialen Wohnungsbaus finden, dass die Integration bereits gut funktioniert. Die Nähe zum Westpark kann die Begründung hierfür sein. Eine Gruppe unter den Befragten, die verstärkt will dass die Theresienhöhe sich nicht integriert, kann nicht gefunden werden.

4.2.4.4 Fazit

Die Bavaria ist das wichtigste charakteristische Merkmal der Theresienhöhe. Die alten Elemente der Theresienhöhe sind sehr wichtige Voraussetzungen für die eigene Identität der Theresienhöhe und wichtige Plätze zum Wohlfühlen.

Allerdings gilt dies nur für den Nordteil der Theresienhöhe. Die Bewohner des sozialen Wohnungsbaus sind wegen ihrer Lage benachteiligt. Dadurch integriert sich der Süden aber auch besser in das angrenzende Viertel durch die Nähe zum Westpark. Bedenklich ist die Tatsache, dass einige Befragte die Integration des Quartiers in die anliegenden Viertel für unmöglich hält.

Im Bezug auf Identität und Orientierung ist die Theresienhöhe im Moment zweigeteilt. In der Fertigstellung der Freifläche auf dem Bahndeckel und der Bebauung der Messetiefgarage liegt aber noch viel Potential, um die beiden Teile und ihre Bewohner zusammenzuführen.

4.2.5 Beurteilung der Wohnsituation durch die Bewohner

Eng mit der Identifikation der Bewohner und dem Wohlfühlen im eigenen Quartier verbunden ist die Gestaltung der Wohnumgebung selbst. Der letzte Block umfasst daher folgende Fragen:

> Was ist hier für eine Wohnumgebung entstanden?
> Wie wird sie von den Bewohnern wahrgenommen?

Die Beschreibung der Wohnumgebung Theresienhöhe in Kapitel 4.1.3 zeigt, dass im Quartier Theresienhöhe in zentraler Lage Wohnraum entstanden ist. Mit guten Verkehrsanbindungen und schnell erreichbaren Grünflächen verfügt das Quartier über Eigenschaften, die urbanes Wohnen auszeichnen. Auch Einkaufsmöglichkeiten und Gastronomie haben sich angesiedelt. Da sich diese Angebote im Norden konzentrieren, sind sie nicht für alle Bewohner schnell erreichbar. Hypothese 19 trifft weitgehend zu. Die Einkaufsmöglichkeiten sind zum Zeitpunkt der Untersuchung zwar noch nicht optimal verteilt, im Süden besteht aber noch Potential für mehr Geschäfte.

Hypothese 19 „Die Wohnumgebung der Theresienhöhe ist mit Grünflächen, Einkaufsmöglichkeiten zur Deckung des täglichen Bedarfs sowie Verkehrsinfrastruktur gut versorgt."

Am Ende sind es aber die Bewohner, die sich wohlfühlen sollen. Daher beschäftigen sich die folgenden Kapitel damit, wie die Wohnung und die Wohnumebung von den Haushalten des Quartiers wahrgenommen werden und wie die Befragten ihre Wohnsituation bewerten.

4.2.5.1 Zufriedenheit der Bewohner mit ihrer Wohnung

Bei der Zufriedenheit mit der Wohnung zeigt sich, dass über 80% der befragten Haushalte mit Größe, Grundriss und Ausstattung ihrer neuen Wohnung zufrieden oder sehr zufrieden sind. Ein Vergleich der Wohnungsteilmärkte ergibt bei der Zufriedenheit mit Größe und Grundriss keine nennenswerten Unterschiede. Mit der Ausstattung sind die untersuchten Haushalte des sozialen Wohnungsbaus unzufriedener als die Haushalte der anderen beiden Wohnungsteilmärkte. Bei Größe und Grundriss bieten also die unterschiedlichen Teilmärkte Wohnungen an, die den Ansprüchen der Bewohner entsprechen. Unterschiede in den Wahlmöglichkeiten je nach finanzieller Lage und in Möglichkeiten der Mitbestimmung bei der Gestaltung der Wohnungen machen sich nur bei der Ausstattung der Wohnung bemerkbar.

Mit der Miethöhe oder den Kosten für die Wohnung sind über 60% der Befragten mindestens zufrieden. Am zufriedensten sind die untersuchten Haushalte in München Modell und Stadibau Wohnungen. Nimmt man an, dass diese Haushalte ihr Zuhause im Vergleich zu den teureren freifinanzierten Wohnungen bewerten, dann können sie mit ihren Ausgaben für die Wohnung zufriedener sein. Gegenteiliges gilt für den freifinanzierten Wohnungsteilmarkt. Dass sich die Befragten des sozialen Wohnungsbaus nicht im Vorteil gegenüber den anderen Haushalten sehen, kann daran liegen, dass die München Modell und Stadibau Wohnungen mit freifinanzierten Wohnungen innerhalb der Baublöcke gemischt sind. Der soziale Wohnungsbau ist weniger durchmischt mit Wohnungen anderer Finanzierungsarten. Außerdem liegen die sozial geförderten Wohnungen alle südlich der großen Baustelle. Mit ihrer Barrierewirkung verstärkt sie im Moment, dass sich die Bewohner des sozialen Wohnungsbaus nicht sehr zu den übrigen Haushalten des Quartiers zugehörig fühlen.

Um Wiederholungen zu vermeiden, wird die Betrachtung der Hypothese 23 an dieser Stelle vorgezogen. Auf die Wohnung allgemein bezogen trifft diese hypothetische Annahme nicht zu. Nur bei dem Teilaspekt „Ausstattung der Wohnung" weist eine bessere Bewertung

Hypothese 23 „Haushalte des freifinanzierten Wohnungsteilmarkts sind mit ihrer Wohnung zufriedener als die Haushalte im geförderten Wohnungsteilmarkt."

der Befragten aus freifinanzierten Wohnungen gegenüber sozial geförderten Haushalten darauf hin, dass größere Wahlmöglichkeiten zu einer höheren Zufriedenheit führen. Eine überdurchschnittliche Zufriedenheit von untersuchten Haushalten der München-Modell Wohnungen und Wohnungen der Stadibau GmbH lässt sich auf eine Betrachtung der eigenen Situation im Vergleich zum Umfeld zurückführen. Die Auswirkungen besserer Wahlmöglichkeiten im freifinanzierten Bereich und Folgen einer vergleichenden Bewertung überlagern sich also bei der Beurteilung des Wohnumfelds.

4.2.5.2 Zufriedenheit der Bewohner mit ihrer Wohnumgebung

Die Ergebnisse der Befragung zeigen ein sehr hohes Maß an Zufriedenheit der Befragten mit ihrer Wohnumgebung. Bei 13 von 16 abgefragten Aspekten der Wohnumgebung sind mehr als die Hälfte der untersuchten Haushalte zufrieden oder sehr zufrieden (Abbildung 29, nach den Mittelwerten aufsteigend sortiert).

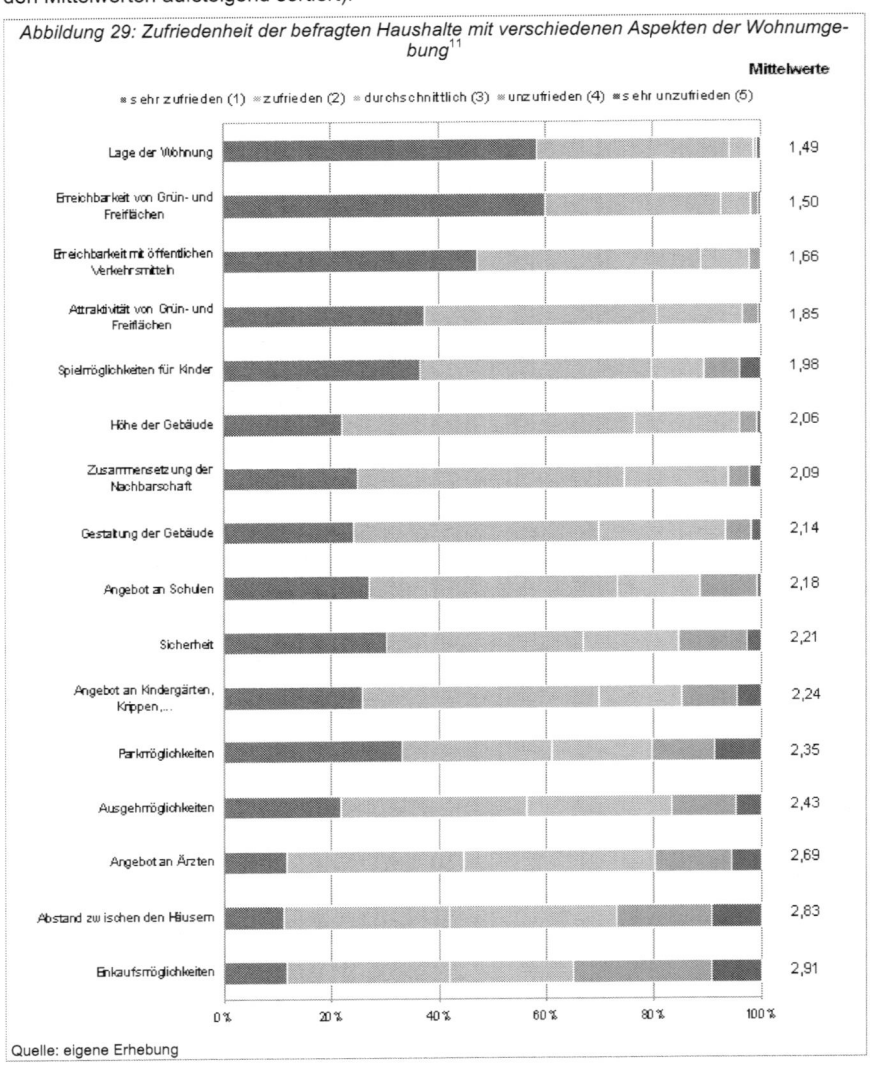

Abbildung 29: Zufriedenheit der befragten Haushalte mit verschiedenen Aspekten der Wohnumgebung[11]

Aspekt	Mittelwert
Lage der Wohnung	1,49
Erreichbarkeit von Grün- und Freiflächen	1,50
Erreichbarkeit mit öffentlichen Verkehrsmitteln	1,66
Attraktivität von Grün- und Freiflächen	1,85
Spielmöglichkeiten für Kinder	1,98
Höhe der Gebäude	2,06
Zusammensetzung der Nachbarschaft	2,09
Gestaltung der Gebäude	2,14
Angebot an Schulen	2,18
Sicherheit	2,21
Angebot an Kindergärten, Krippen,…	2,24
Parkmöglichkeiten	2,35
Ausgehmöglichkeiten	2,43
Angebot an Ärzten	2,69
Abstand zwischen den Häusern	2,83
Einkaufsmöglichkeiten	2,91

Quelle: eigene Erhebung

---

[11] Die Mittelwerte errechnen sich aus einer Skala von 1 = „sehr zufrieden" bis 5 = „sehr unzufrieden". Personen, die sich zu einem Aspekt nicht äußern konnten, werden bei der Darstellung des entsprechenden Aspekts nicht berücksichtigt. Dies gilt auch bei Abbildung 30

4 Ergebnisse der Untersuchung

Die Bewertungen der verschiedenen Aspekte spiegeln teilweise die Ergebnisse aus der Beschreibung der Wohnumgebung (Kapitel 4.1.3) wider. So wird die zentrale Lage der Wohnung in der Stadt am besten bewertet. Mit einem Mittelwert von 1,49 fällt die Bewertung der Befragten besser als die gesamtstädtische Bewertung der Münchner Bürgerbefragung 2000 aus, die bei 1,77 liegt (vgl. LHM 2002b, S.207). Auch die Erreichbarkeit mit öffentlichen Verkehrsmitteln wird sehr positiv bewertet. Die gute Versorgung mit öffentlichen Grün- und Freiflächen schlägt sich ebenfalls in der Bewertung der untersuchten Haushalte nieder. Mit der Erreichbarkeit und Attraktivität von Grün- und Freiflächen sind mehr als 80% der Befragten mindestens zufrieden.

Das Angebot an Einkaufsmöglichkeiten im Wohnumfeld wird von über der Hälfte der Befragten als maximal durchschnittlich bewertet. Die momentane Situation der Grundversorgung, wie sie in der Beschreibung des Wohngebiets festgestellt wird, wirkt sich auch auf die Befragungsergebnisse aus. Zum Angebot an Ärzten können über ein Viertel der untersuchten Haushalte keine Aussage machen. Grund dafür ist, dass viele Befragte ihren Arzt mit dem Umzug nicht gewechselt oder noch keine ärztliche Hilfe benötigt haben. Es kann angenommen werden, dass auch einige der Befragten, die antworten, das Angebot an Ärzten nur schätzen. Die Bewertung dieses Aspekts erreicht den drittletzten Platz. Obwohl die Anzahl der Ärzte im Bezirk Schwanthalerhöhe im Vergleich zur Bevölkerungsanzahl niedrig ist, muss die Bewertung durch die Befragten mit Vorsicht betrachtet werden, da der Einzugsbereich von Ärzten über die Bezirksgrenzen hinaus geht.

Streit in der Planungsphase gab es bei Grünflächenanteil, Dichte, Höhe und Gestaltung der Gebäude. Engagierte Bürger oder Vertreter der Bezirksausschüsse und Planer konnten bei diesen Aspekten keine Einigung erzielen. Die Befragung zeigt, dass der Abstand zwischen den Häusern als Auswirkung einer dichten Bebauung auch für die meisten untersuchten Haushalte als durchschnittlich oder negativ empfunden wird. Mit Höhe und Gestaltung der Gebäude sowie mit dem Grünflächen in der Wohnumgebung sind die Befragten hingegen überwiegend zufrieden und sehr zufrieden. Hypothese 20 trifft also nur im Bezug auf den Abstand zwischen den Gebäuden als Ausdruck einer dichten Bebauung zu. Die Höhe und Gestaltung der Gebäude entspricht den Vorstellungen der Befragten von urbanem Wohnen.

> Hypothese 20 „Bei den Aspekten Dichte, Höhe und Gestaltung der Gebäude und Grünflächenanteil sind die Bewohner unterdurchschnittlich zufrieden."

4.2.5.3 Bewertung der Wohnumgebung im gesamtstädtischen Vergleich

Um zu untersuchen, ob die Bewohner der Theresienhöhe im gesamtstädtischen Vergleich zufriedener mit ihrer Wohnumgebung sind, werden die meisten Aspekte der Wohnumgebung in allgemeinere Bereiche zusammengefasst, die auch bei der Münchner Bürgerbefragung

2000 verwendet wurden. Ein Vergleich ist nur möglich, wenn in beiden Untersuchungen die gleichen oder sehr ähnliche Aspekte der Bereiche abgefragt wurden. Tabelle 15 zeigt, dass die befragten Bewohner der The-

> Hypothese 21 „Die Bewohner der Theresienhöhe sind zufriedener mit der Wohnumgebung im Vergleich zur Gesamtstadt."

resienhöhe mit ihrer Wohnumgebung weitgehend zufriedener sind als der gesamtstädtische Durchschnitt, was auch in Hypothese 21 angenommen wird.

Tabelle 15: Vergleichende Mittelwerte der Zufriedenheit befragter Haushalte und der Gesamtstadt mit Dimensionen der Wohnumgebung

Aspekte	Wohnqualität allgemein	Kinderbetreuung	Wohnquartiersstandard[12]	Verkehrssicherheit
	- Lage der Wohnung - Erreichbarkeit der Grün- und Freiflächen - Attraktivität der Grün- und Freiflächen - Spielmöglichkeiten für Kinder - Gebäude und Straßenbild[13]	- Angebot an Kindergärten, Krippen,..	- Ausgehmöglichkeiten - Zusammensetzung der Nachbarschaft - Einkaufsmöglichkeiten - Angebot an Ärzten und helfenden Einrichtungen	- Sicherheit für Radfahrer, Fußgänger, Kinder
München	2,07	2,93	2,46	2,52
Theresienhöhe	1,83	2,24	2,53	2,21

Quellen: LHM 2002b, S.205ff; eigene Erhebung

Die hohe Zufriedenheit kann daraus resultieren, dass sich mit dem erst kurz zurückliegenden Umzug die Wohnsituation verbessert hat und sich die Ansprüche in der Zwischenzeit noch nicht stark verändert haben. Außerdem lassen sich Verbindungen erkennen zwischen den Ergebnissen der Kartierung und der Zufriedenheit der befragten Haushalte. Vor allem die geschaffenen Möglichkeiten zur Kinderbetreuung im Quartier Theresienhöhe werden im Vergleich positiver bewertet. Für den Wohnquartierstandard ergibt sich in der vorliegenden Untersuchung ein leicht schlechterer Mittelwert. Ausschlaggebend dafür ist die relativ schlechte Bewertung der Aspekte „Ausgehmöglichkeiten", „Angebot an Ärzten" und vor allem „Einkaufsmöglichkeiten". Bereits die Kartierung hat gezeigt, dass Teile der Theresienhöhe mit Einkaufsmöglichkeiten und Gastronomie schlecht versorgt sind. Dies schlägt sich in der Zufriedenheit der befragten Haushalte mit dem Wohnquartiersstandard nieder.

4.2.5.4 Unterschiede in der Zufriedenheit mit der Wohnumgebung

Die Zufriedenheit mit der Wohnumgebung ist nicht bei allen Haushalten gleich. Die befragten Haushalte verschiedener Teilmärkte bewerten manche Aspekte der Wohnumgebung unterschiedlich. Mit dem Angebot an Einkaufsmöglichkeiten und der Sicherheit in der Wohnumgebung sind die untersuchten Haushalte des geförderten Wohnungsteilmarkts, vor allem des sozial geförderten Teils, unzufriedener als die Haushalte freifinanzierter Wohnungen. Die Spielmöglichkeiten für Kinder werden von Haushalten des sozial geförderten Wohnungsbaus

---
[12] In der Münchener Bürgerbefragung 2000 wurde zusätzlich der Aspekt „Kulturangebot" erfasst.
[13] Die Aspekte „Höhe der Gebäude", „Gestaltung der Gebäude" und „Abstand zwischen den Häusern" werden in „Gebäude und Straßenbild" zusammengefasst und gehen als ein Aspekt in die Wohnqualität allgemein ein.

mit Abstand am schlechtesten bewertet. Die größere Unzufriedenheit der Haushalte des sozial geförderten Teilmarkts kann auf ihre Wohnlage zurückgeführt werden. Im Süden der Theresienhöhe sind die Wohnungen von Baustellen umringt, die Einkaufsmöglichkeiten sind weit entfernt, genauso die größeren Spielplätze. Hinzu kommt die Barrierewirkung der Baustelle auf dem Bahndeckel und der Messetiefgarage.

Entgegen der Hypothese 22 sind die Haushalte geförderter Wohnungen nicht zufriedener mit ihrer Wohnumgebung als die Bewohner freifinanzierter Wohnungen. Dass der Vergleich mit den nicht geförderten Wohnungen in gleicher Umgebung zu einer besseren Bewertung der eigenen Situation führt, wird durch die Befragung nicht bestätigt. Wie bei der Zufriedenheit mit der Wohnung überlagern sich auch bei der Bewertung der Umgebung mehrere Beweggründe. Außerdem kann vermutet werden, dass vor allem die Haushalte des sozial geförderten Wohnungsbaus aufgrund ihrer sehr eingeschränkten Wahlfreiheit ihre Wohnansprüche nicht erfüllen können und eine grundsätzliche Unzufriedenheit mit ihrer Wohnumgebung an den Tag legen.

> Hypothese 22 „Bewohner des geförderten Wohnungsbaus sind mit der Wohnumgebung zufriedener als Bewohner des freifinanzierten Wohnungsteilmarkts."

In Abbildung 30 werden die Mittelwerte der Bewertungen der abgefragten Aspekte unterschieden nach Haushaltstypen dargestellt. Je näher der Punkt an der Mitte des Netzes liegt, um so besser ist die mittlere Bewertung des jeweiligen Aspekts.

Abbildung 30: Zufriedenheit der befragten Haushalte mit der Wohnumgebung in den Haushaltstypen (Mittelwerte)

Quelle: eigene Erhebung

Die Abbildung 30 zeigt, dass Haushalte mit Kindern tendenziell weniger zufrieden sind als Haushalte ohne Kinder und bestätigt damit Hypothese 24. Die größten Unterschiede in der Bewertung gibt es bei der Zufrie-

> *Hypothese 24 „Haushalte mit Kindern sind unzufriedener mit ihrer Wohnumgebung als kinderlose Haushalte."*

denheit mit den Einkaufsmöglichkeiten, mit der Sicherheit für Fußgänger, Radfahrer und Kinder und mit den Parkmöglichkeiten für den PKW. Unterschiedliche Ansprüche der Haushalte an die Umgebung werden hier deutlich. Wenn man annimmt, dass Haushalte mit Kindern tendenziell weniger mobil als kinderlose Haushalte sind, sind diese mehr auf das nahe Umfeld angewiesen und bewerten es kritischer. Zu Aspekten, die explizit Kinder betreffen, werden in vielen Fällen von Haushalten ohne Kinder keine Aussagen gemacht. Wenn Aussagen gemacht werden sind diese eher als Schätzungen zu bewerten.

4.2.5.5 Störfaktoren und Verbesserungsvorschläge

Auch spontan genannte Störfaktoren und Verbesserungsvorschläge geben Einblicke in die Bewertung der Theresienhöhe durch die Bewohner. Über 70% der Befragten können etwas nennen, das sie in ihrer Wohnumgebung stört. Die Baustellen werden bei weitem am häufigsten als Störfaktoren genannt. Fast 90% derer, die Störfaktoren nennen, beschweren sich über diesen Bereich. Mit jeweils 11% werden Probleme, die das Haus oder die Wohnung betreffen, Probleme mit Verkehr und Verkehrsinfrastruktur und Probleme mit der Art der Bebauung genannt. Daran schließen sich Beschwerden über Kinder und Jugendliche (9%) sowie Probleme mit der sozialen Mischung (7%) an.

Auch bei den Störfaktoren wird konkret genannt, dass die Häuser sehr eng aneinander stehen. Dies bestärkt das Ergebnis, dass die Bewohner mit dem Abstand zwischen den Häusern weniger zufrieden sind. Trotz der sehr guten Bewertung der Grün- und Freiflächen in der Wohnumgebung, finden einige, dass es zu wenig grün zwischen den Häusern gibt. Als problematisch sind die Nennungen zur sozialen Mischung zu betrachten. Es besteht Skepsis gegenüber den Haushalten in Sozialwohnungen und dem Bau der Sozialwohnungen auf der Messetiefgarage. Angst und Vorurteile, die bereits vor dem Bau weiterer geförderter Wohnungen bestehen, erschweren die Integration der zukünftigen Bewohner und die Entwicklung eines Wir-Gefühls für das ganze Quartier der Theresienhöhe.

Verbesserungsvorschläge für ihre Wohnumgebung nennen 60% aller Befragten. Am häufigsten werden bauliche Veränderungen vorgeschlagen. 28% aller Befragten, die Verbesserungen vorschlagen, nennen diesen Bereich. Entsprechend den Störfaktoren sind die häufigsten Anregungen mehr Begrünung und mehr Sitzgelegenheiten. Wenn Vorschläge die Baustellen betreffen (15%), werden als konstruktive Vorschläge mehr Informationen zu den Baustellen und über die Bebauung gewünscht. Außerdem wird das Thema „Einkaufsmöglichkeiten" erneut konkretisiert (13%). Sowohl größere als auch kleinere Geschäfte wie ein Obststand oder Metzger wünschen sich die befragten Bewohner. Für Kinder und Jugendliche werden mehr Spielplätze und Spielmöglichkeiten für größere Kinder vorgeschlagen (insgesamt 13%). Mehr Ausgehmöglichkeiten und Freizeitangebote wünschen sich ebenfalls 13% derer, die Vorschläge für eine Verbesserung der Theresienhöhe machen.

Störfaktoren und vor allem Verbesserungsvorschläge, welche die befragten Bewohner nennen, können für eine bewohnerorientierte Planung zur weiteren Entwicklung des Quartiers eine Grundlage sein. Damit die Wünsche und Meinungen der Befragten als Form einer Bürgerbeteiligung in künftige Planungen eingehen können, werden ausführliche Aufstellungen der Störfaktoren und Verbesserungsvorschläge im Anhang II beigefügt.

4.2.5.6 Weitere Indikatoren zur Bewertung der Wohnumgebung

Aussagen dazu, welche Dinge die Befragten im Gegensatz zu ihrer alten Wohnung vermissen, weisen konkret darauf hin, was das neue Umfeld der Theresienhöhe den Befragten nicht bieten kann. 47% der Befragten können etwas nennen, das sie in ihrer neuen Wohnumgebung vermissen. Erneut sind es die Einkaufsmöglichkeiten, die von den meisten angegeben werden. Auch spezielle Dinge, die mit der alten Wohnung zu tun hatten, wie ein eigener Garten, werden häufiger genannt. Eigenschaften des alten Viertels nennen 21% derer, die etwas vermissen. Öfter genannt wird ein gewachsenes Viertel und das Flair eines Altbauviertels, zwei Aspekte, die ein Neubaugebiet nie bieten kann und so die Schwachstellen auf den Punkt bringen. Außerdem wird die Nähe zu ganz bestimmten Grünflächen und Erholungsgebieten vermisst, wie die Nähe zur Isar, zu Seen im Münchner Süden oder zum Englischen Garten.

21% der Befragten denken bereits über einen erneuten Umzug nach. Über Hälfte davon aufgrund von familienbezogenen Gründen oder einer Vergrößerung des Haushalts. Nur bei 3% spielt das Wohnumfeld für den erneuten Umzug eine Rolle. Dieses Ergebnis unterstreicht die Zufriedenheit der Befragten mit dem Wohnumfeld.

86% der befragten Haushalte haben eine sehr gute oder eher gute Meinung über das neue Quartier Theresienhöhe. Die Meinung der Öffentlichkeit über die Theresienhöhe schätzen sie schlechter ein. Zwar denken über die Hälfte der Befragten, dass die Meinung in der Öffentlichkeit eher gut ist, 36% gehen aber von einer gespaltenen Meinung über das Quartier Theresienhöhe in der Öffentlichkeit aus. Für viele Befragte ist also das Leben im Quartier Theresienhöhe besser als sein Ruf.

4.2.5.7 Fazit

Zusammenfassend zeigt die Bewertung der Wohnumgebung ein positives Ergebnis für das Quartier Theresienhöhe.

Schlechter bewertete Aspekte der Wohnumgebung werden bei spontan genannten Störfaktoren und Verbesserungsvorschlägen nochmals unterstrichen. Die Bereiche „Abstand zwischen den Häusern", „Einkaufsmöglichkeiten" und „Ausgehmöglichkeiten" werden erneut konkretisiert. Darüber hinaus besteht das Bedürfnis nach mehr Grün im Wohnumfeld.

Haushalte mit Kindern bewerten ihr Umfeld kritischer als kinderlose Haushalte. Ihre Beurteilungen können als Sensor für Mängel in der Wohnumgebung dienen.

Das Umfeld von Haushalten des geförderten Wohnungsbaus weist zum Zeitpunkt der Untersuchung Mängel auf. In den noch im Bau befindlichen Flächen liegt aber großes Potential, um die Lage zu verbessern.

Negative Aussagen der Befragten über die soziale Mischung im Quartier müssen mit großer Aufmerksamkeit verfolgt werden. Sie stehen den Zielen der sozialen Integration und einer gesunden Nachbarschaft entgegen.

5 Das Konzept Theresienhöhe – ein Resümee

Die vorliegende Untersuchung zeigt, dass einige Ziele des Konzepts Theresienhöhe bereits gut umgesetzt wurden. An manchen Stellen können für die weitere Entwicklung des Quartiers Empfehlungen gegeben werden, die sich an die Stadtentwicklungsplanung richten, um potentielle Schwierigkeiten und Problemfelder im Wohnumfeld zu minimieren. Am Ende wird versucht, die Ergebnisse dieser Arbeit auf weitere Projekte zu übertragen.

5.1 Erreichte Ziele

Durch die Mischung von freifinanzierten und geförderten Wohnungen wird im Quartier Theresienhöhe Wohnraum für Bevölkerungsgruppen geschaffen, die über Einkommensunterschiede hinaus verschieden sind. Das Ziel, eine heterogene Bevölkerungsstruktur anzuziehen, wird durch die Zugangsbeschränkungen des geförderten Wohnungsbaus erfolgreich verfolgt.

Im Rahmen einer qualifizierten Innenentwicklung ist es ein wichtiges Ziel des Konzepts Theresienhöhe, einer Abwanderung der Bevölkerung ins Umland entgegenzuwirken. Das Quartier Theresienhöhe zieht überwiegend Münchner Haushalte an. Für einen Großteil der befragten Bewohner kam ein Wegzug aus der Stadt gar nicht in Frage. Die Untersuchung zeigt aber darüber hinaus, dass einige potentielle Umlandwanderer durch Wohnraum auf der Theresienhöhe im urbanen Raum geblieben sind. Dies trifft verstärkt auf Familien und Haushalte, die Eigentum bilden wollen, zu.

Nach dem Konzept „kompakt, urban, grün" entstand ein Quartier in dichter Bauweise, in dem alle Bewohner öffentliche Grünflächen in ihrer Wohnumgebung erreichen können. Das Quartier Theresienhöhe liegt zentral und ist gut erreichbar. Auch Einrichtungen und Angebote für Kinder und Jugendliche sind entstanden, Einzelhandel und Gastronomie haben sich angesiedelt. Das städtebauliche Prinzip der Mischung ist für das Quartier als Ganzes im Bezug auf Arbeiten und Wohnen realisiert worden.

Für das Ziel, dass sich im Quartier eine eigenständige Identität entwickelt, haben sich die alten Bauwerke der Theresienhöhe als äußerst wichtige Elemente herausgestellt. In dem Neubaugebiet symbolisieren sie Beständigkeit, die für viele Bewohner zum Wohlfühlen im Wohnumfeld beitragen.

5.2 Problemfelder und Handlungsempfehlungen

Die großen Baustellen auf dem Bahndeckel und der Messetiefgarage bilden zum Zeitpunkt der Untersuchung Barrieren, die dazu führen, dass sich das Quartier Theresienhöhe in zwei

Bereiche teilt. Eine gemeinsame Identität des Gebiets konnte sich daher noch nicht entwickeln. Während sich der Südteil besser in das anliegende Viertel integriert, identifizieren sich die Bewohner nördlich der Baustellen mehr mit dem eigenen Quartier. Auch die Versorgungssituation ist zweigeteilt, da sich im Rahmen eines neuen Stadtteilzentrums Einzelhandel und Gastronomie ausschließlich nördlich des Bavariaparks angesiedelt hat.

In der Fertigstellung der noch im Bau befindlichen Flächen liegt großes Potential, um die Lage zu verbessern. Der Freifläche auf dem Bahndeckel sollte die Aufgabe beigemessen werden, die Bewohner zusammenzuführen, um so einen Beitrag zu einer gemeinsamen Identität zu leisten. Bei der Fertigstellung des Kerngebiets am südlichen Ende der Theresienhöhe sollte darauf geachtet werden, dass sich Einkaufsmöglichkeiten zur Grundversorgung ansiedeln.

Darüber hinaus können die Verbesserungsvorschläge der Bewohner in die städtebauliche Entwicklung des Quartiers einfließen, um die Attraktivität der Theresienhöhe noch zu erhöhen und um die Wohnsituation der Bevölkerung zu optimieren. Mehr Einkaufsmöglichkeiten, mehr Ausgehmöglichkeiten und weniger versiegelte Flächen führen die Liste der Empfehlungen an.

Obwohl die Zufriedenheit mit der Zusammensetzung der Nachbarschaft hoch ist und es so gut wie keine Probleme zwischen Nachbarn gibt, müssen negative Aussagen der Befragten über die soziale Mischung im Quartier mit großer Aufmerksamkeit verfolgt werden. Sie deuten auf Probleme im Bereich der sozialen Integration hin und gefährden die Entwicklung einer gesunden Nachbarschaft. Vor allem weil sich noch weitere Sozialwohnungen im Bau befinden, muss bereits im Vorfeld versucht werden, Vorurteile abzubauen und Ängste zu mindern. Erneut kann die Freifläche auf dem Bahndeckel durch eine integrative Gestaltung einen Teil zur Lösung beitragen.

Auf lange Sicht muss auch kritisch betrachtet werden, dass eine heterogene Altersverteilung der Bevölkerung nicht erreicht wurde. Zwar ist es im Moment als positiv zu verzeichnen, dass junge Haushalte und Familien im Innenstadtbereich wohnen. Allerdings führt eine homogen junge Bevölkerungsstruktur, wenn nicht erneute Weg- und Zuzüge die demographische Verteilung verändern, zu einer gleichmäßigen Alterung des Quartiers. Wie bei jeder Art von Segregation kann es dazu kommen, dass zusätzlich anderer Altersgruppen das Viertel verlassen. Infrastruktureinrichtungen für junge Menschen und Kinder werden dann in einigen Jahren nicht mehr ausgelastet, während Einrichtungen für ältere Leute erst geschaffen werden müssen. Langfristig wird daher eine Beobachtung der demographischen Situation der Bewohner empfohlen.

Im Rahmen einer prozessbegleitenden, angewandten Forschung bieten sich weiterführende Untersuchungen an, um die Entwicklungen im Quartier Theresienhöhe und zukünftige

Umsetzungen der Planung kritisch zu beobachten. Um die Integration des Neubaugebiets in den gesamtstädtischen Kontext ganzheitlich beurteilen zu können, bietet sich eine Befragung der Anwohner außerhalb des Quartiers an.

Zusammenfassend zeigt die Untersuchung, dass mit dem Konzept Theresienhöhe eine Wohnumgebung entstanden ist, die von ihren Bewohnern grundsätzlich positiv bewertet wird. Daher werden am Ende dieser Arbeit einige Gedanken angeführt, die sich mit der Frage beschäftigen, ob sich das Konzept und die daraus resultierenden Ergebnisse auf andere Projekte der innerstädtischen Umnutzung übertragen lassen.

5.3 Übertragbarkeit der Ergebnisse

Obwohl über die Fläche innerstädtischer Brachen für ganz Deutschland keine konkreten Zahlen vorliegen, gibt es Hinweise darauf, dass sich fast alle Städte und Gemeinden mit dem Thema auseinander setzen müssen (vgl. WIEGANDT 1997, S.623).

Verschiedene Probleme bei der Reaktivierung führen jedoch zu unterschiedlichen Ausgangssituationen für eine Umnutzung von Brachflächen.

Altasten und alte Bausubstanz, die beseitigt werden müssen, können zu hohen Kosten im Vorfeld führen. Darüber hinaus muss die Brachfläche im Eigentum des Entwicklers sein, um reaktiviert werden zu können. Muss das Grundstück erst von der Kommune oder einem privaten Investor gekauft werden, kann es erneut zu hohen Kosten kommen. Der finanzielle Druck ist in machen Fällen sehr hoch und schränkt den Spielraum bei der Planung der Umnutzung sehr ein (vgl. a.a.O., S.624). Zum Vorteil für die Umnutzung befand sich das alte Messegelände bereits im Besitz der Stadt München.

Auch die gesamtwirtschaftliche Situation einer Region und das Angebot an ungenutzten Flächen am Stadtrand bestimmt die Nachfrage nach innerstädtischen Brachflächen. Die Umnutzung von Brachflächen in dynamischen Wachstumsregionen ist leichter umzusetzen, da in diesen Regionen ein hoher Entwicklungsdruck zu Baulandknappheit und höheren Bodenpreisen führt. Eine Wiedernutzung von Brachflächen kann schneller in Gang gebracht werden (vgl. a.a.O.).

Die Region München zählt zu den „strukturstarke[n] Regionen mit geringer Wachstumsdynamik" (BBR 2004, S.111). Diese Regionen zeichnen sich durch hohe Beschäftigten- und Einwohnerdichten, durch sehr hohen Einpendlerüberschuss und durch ein hohes Preisniveau bei Wohnungen aus. Diese Regionen ziehen junge Bevölkerungsgruppen an und verzeichnen daher Wanderungsgewinne. Mit München vergleichbare Wohnungsmarkttypen sind unter anderem die Städte Köln, Frankfurt und Hamburg (vgl. a.a.O., S.110f).

5 Das Konzept Theresienhöhe – ein Resümee

Die Anwendung des Konzepts Theresienhöhe auf Projekte in anderen Städten ist aufgrund der möglichen Probleme bei der Brachflächenreaktivierung im Vorfeld und dem Nebeneinander von wachsenden und schrumpfenden Regionen in Deutschland nur sehr eingeschränkt möglich. Bei der Umnutzung innerstädtischer Brachflächen in Städten mit ähnlicher Wohnungsmarktsituation, die nicht bereits im Vorfeld durch hohe Kosten belastet sind, kann das Konzept Theresienhöhe als Vorbild dienen. Eine soziale Mischung durch das Schaffen unterschiedlich finanzierter Wohnungsteilmärkte funktioniert. Außerdem sind in Wachstumsregionen innerstädtische Viertel attraktiv, auch für potentielle Umlandwanderer. Für Konzepte der Nutzungsmischung eignen sich innerstädtische Brachflächen generell (vgl. WIEGANDT 1997, S.637). Die Einbeziehung alter Bausubstanz bietet vor allem für die Bewohner viele Vorteile, so dass sich eine eigenständige Identität des Quartiers entwickeln kann. Die Eigenheiten und Besonderheiten der Regionen beeinflussen natürlich die Akzeptanz der Planungen und den Handlungsspielraum bei den Entwicklungen. Daher ist immer eine Anpassung an die spezifische Situation in der Region nötig.

Auf andere Münchner Projekte im Innenstadtbereich lassen sich zusätzlich zu den bereits genannten übertragbaren Aspekten einige Ergebnisse der vorliegenden Untersuchung anwenden. Zum Beispiel kann man davon ausgehen, dass junge Familien das Angebot an gefördertem Wohnraum gerne annehmen. Außerdem kann auch bei anderen Projekten erwartet werden, dass Neubauwohnungen innerhalb Münchens überwiegend zu innerstädtischen Umzügen führen.

Die vorliegende Untersuchung bildet eine Bestätigung für Konzepte nach den Leitlinien der Perspektive München. Die aufgezeigten Problemfelder und die entwickelten Empfehlungen können bei zukünftigen Konzepten bereits im Vorfeld berücksichtigt werden. So leistet diese Untersuchung des Quartiers Theresienhöhe einen Beitrag zu einer vorausschauenden Stadtentwicklungsplanung in München und gibt Denkanstöße für Planungen in anderen Regionen Deutschlands.

Literaturverzeichnis

ALBRECHT, G. 1972: Soziologie der geographischen Mobilität. Zugleich ein Beitrag zur Soziologie des sozialen Wandels. Stuttgart.

ARING J. et al.1995: Nutzungsmischung – planerischer Anspruch und gelebte Realität. In: Informationen zur Raumentwicklung, Heft 6/7, S.507-523.

AUBÖCK, M. 2001: Ackerboden Theresienhöhe. In: Landeshauptstadt München (Hrsg.): Baustelle Zukunft. Die neue Theresienhöhe nimmt gestallt an. Referat für Stadtplanung und Bauordnung. München, S .20-23.

BÄHR, J. 1997: Bevölkerungsgeographie. Stuttgart.

BAHRENBERG, G. et al. 1999: Statistische Methoden in der Geographie. Band 1. Stuttgart.

BERNHOFER, G. 2001: Städtebauliche Qualität und Wirtschaftlichkeit – ein Widerspruch? In: Landeshauptstadt München (Hrsg.): Baustelle Zukunft. Die neue Theresienhöhe nimmt gestallt an. Referat für Stadtplanung und Bauordnung. München, S.30-31.

BÖHM, C. 2001: Bürgermitsprache – effektives Engagement? In: Landeshauptstadt München (Hrsg.): Baustelle Zukunft. Die neue Theresienhöhe nimmt gestallt an. Referat für Stadtplanung und Bauordnung. München, S.28-29.

BÖLTKEN, F. et al. 1997: Wanderungsverflechtungen und Hintergründe räumlicher Mobilität in der Bundesrepublik seit 1990. In: Informationen zur Raumentwicklung Heft 1/2, S.35 -50.

BÖLTKEN, F. et al. 1999: Wohnen – Wunsch und Wirklichkeit. Subjektive Prioritäten und subjektive Defizite als Beitrag zur Wohnungsmarktbeobachtung. In: Informationen zur Raumentwicklung Heft 2, S. 141-156.

BROWN, J. 1983: The Structure of Motives for a Multidimensional Model of Residential Mobility Moving. In: Environment and Planning A Volume 15, S. 1531-1544.

BRUNOTTE, E. et al. (Hrsg.) 2002a: Lexikon der Geographie. Heidelberg.

BRUNOTTE, E. et al. (Hrsg.) 2002b: Lexikon der Geographie auf CD-Rom: A bis Z (inkl. Register). Heidelberg.

BUNDESAMT FÜR BAUWESEN UND RAUMORDNUNG (BBR) (Hrsg.) 2000: Informationen aus der Forschung des BBR, Nr. 4. Bonn.

BUNDESAMT FÜR BAUWESEN UND RAUMORDNUNG (BBR) (Hrsg.) 2004: Wohnungsmärkte Deutschland. Ergebnisse der regionalisierten Wohnungsmarktbeobachtung des Bundesamtes für Bauwesen und Raumordnung. Ausgabe 2004. Bonn (= Berichte Band 18).

BUNESMINISTERIUM FÜR VERKEHR, BAU- UND WOHNUNGSWESEN (BMVBW) 2001: Auf dem Weg zu einer nachhaltigen Siedlungsentwicklung. Nationalbericht der Bundesrepublik Deutschland zur 25. Sondersitzung der Generalversammlung der Vereinten Nationen („Istanbul+5"). Berlin.

C.H. BECK Verlag (Hrsg.) 2001: BauGB Baugesetzbuch mit Verordnung über Grundsätze für die Ermittlung der Verkehrswerte von Grundstücken, Baunutzungsverordnung, Planzeichenverordnung, Raumordnungsgesetz, Raumordnungsverordnung. München.

CHIETTI, C. 2002: Identitäten im Stadtbild. Zu einem Streit im aktuellen architektonischen Diskurs. In: Die alte Stadt 4, S. 275-289.

CLARK, W. u. J. ONAKA 1983: Life Cycle and Housing Adjustment as Explanations of Residential Mobility. In: Urban Studies 20, S. 47-57.

DANGSCHAT, J. 1988: Gentrification: der Wandel innenstadtnaher Wohnviertel. In: Kölner Zeitschrift für Soziologie und Sozialpsychologie, Sonderheft 29, S.272-292.

FRANZ, P. 1984: Soziologie der räumlichen Mobilität. Eine Einführung. Frankfurt.

GABLER, S. 1994: ALLBUS-Baseline-Studie 1991 und ALLBUS 1992: Ost-West-Gewichtung der Daten. In: ZUMA Nachrichten 35, S.77-81.

GAEBE, W. 1987: Verdichtungsräume. Strukturen und Prozesse im weltweiten Vergleich. Stuttgart.

GAEBE, W. 1991: Agglomerationsräume in West- und Osteuropa. In: Gutmann ,G. et al. (Hrsg.): Agglomerationen in Ost und West. Marburg (= Wirtschafts- und sozialwissenschaftliche Ostmitteleuropa-Studien 16), S. 3-21.

GAEBE, W. 2004: Urbane Räume. Stuttgart.

HALLENBERG, B. 2003: Die Trendforschung im vhw-Projekt „Nachfrageorientierte Wohnungspolitik". In: Forum Wohneigentum 4, S. 201.

HÄUSSERMANN, H. 1988: Stadt und Lebensstil. In: Hauff, V. (Hrsg.): Stadt und Lebensstil. Thema: Stadtkultur. Weinheim.

HÄUSSERMANN, H. 1999: Neue Haushalte – Wohnformen zwischen Individualisierung und Vergemeinschaftung. Neue Lebensstile – neue Haushaltstypen. In: Wüstenrot Stiftung (Hrsg.): Neue Wohnformen im internationalen Vergleich. Stuttgart, S.12-21.

HÄUSSERMANN, H. u. W. SIEBEL 1996: Soziologie des Wohnens. Eine Einführung im Wandel und Ausdifferenzierung des Wohnens. Weinheim.

HÄUSSERMANN, H. u. W. SIEBEL 2004: Stadtsoziologie. Eine Einführung. Frankfurt.

HEINEBERG, H. 2001: Grundriß allgemeine Geographie: Stadtgeographie. Paderborn.

HELBRECHT, I. 1996: Die Wiederkehr der Innenstädte. Zur Rolle von Kultur, Kapital und Konsum in der Gentrification. In: Geographische Zeitschrift 1, Band 84, S.1-15.

HERLYN, U. 1988: Individualisierungsprozesse im Lebenslauf und städtische Lebenswelt. In: Kölner Zeitschrift für Soziologie und Sozialpsychologie, Sonderheft 29, S.111-131.

HERLYN, U. 1990: Leben in der Stadt. Lebens- und Familienphasen in städtischen Räumen. Opladen.

HVB EXPERTISE GMBH (Hrsg.) 2002: Immobilienmarktanalyse. Wohnen Stadt München. München.

KEMPER, F.-J. 1985: Die Bedeutung des Lebenszyklus-Konzepts für die Analyse intraregionaler Wanderungen. In: Kemper, F.-J. et al. (Hrsg.): Geographie als Sozialwissenschaft. Beiträge zu ausgewählten Problemen kulturgeographischer Forschung. Bonn (= Colloquium Geographicum 18), S. 180-212.

KLEIN, J. 2001: Wohnungsbau und Wohnungsförderung. Situation und Zielvorgaben. In: Umrisse. Zeitschrift für Baukultur, Ausgabe 5/6, S. 14-15.

KULS, W. u. F.-J. KEMPER 2002: Bevölkerungsgeographie. Eine Einführung. Stuttgart.

LANDESHAUPTSTADT MÜNCHEN (LHM) (Hrsg.) 1995: München kompakt, urban, grün. Neue Wege der Siedlungsentwicklung. Referat für Stadtplanung und Bauordnung. München (= Perspektive München. Schriftenreihe zur Stadtentwicklung C2).

LANDESHAUPTSTADT MÜNCHEN (LHM) (Hrsg.) 2001a: Wohnen in München, III. Wohnungspolitisches Handlungsprogramm 2001 – 2005. Referat für Stadtplanung und Bauordnung. München.

LANDESHAUPTSTADT MÜNCHEN (LHM) (Hrsg.) 2001b: Baustelle Zukunft. Die neue Theresienhöhe nimmt gestallt an. Referat für Stadtplanung und Bauordnung. München.

LANDESHAUPTSTADT MÜNCHEN (LHM) (Hrsg.) 2001c: Fortschreibung des Zentrenkonzepts: Entwicklungsperspektiven für den Einzelhandel. Referat für Stadtplanung und Bauordnung. München

LANDESHAUPTSTADT MÜNCHEN (LHM) (Hrsg.) 2002a:Zukunft findet Stadt 2002. Wohnen in München. Wohnungsbau gestern – heute – morgen. Referat für Stadtplanung und Bauordnung. München.

LANDESHAUPTSTADT MÜNCHEN (LHM) (Hrsg.) 2002b: Münchner Bürgerbefragung 2000. Soziale Entwicklung und Lebenssituation der Münchner Bürgerinnen und Bürger. Referat für Stadtplanung und Bauordnung. München.

LANDESHAUPTSTADT MÜNCHEN (LHM) (Hrsg.) 2002c: Raus aus der Stadt? Untersuchung der Motive von Fortzügen aus München in das Umland 1998 – 2000. Kurzfassung. Referat für Stadtplanung und Bauordnung. München.

LANDESHAUPTSTADT MÜNCHEN (LHM) (Hrsg.) 2004a: Bericht zur Wohnungssituation in München 2002 – 2003. Referat für Stadtplanung und Bauordnung. München.

LANDESHAUPTSTADT MÜNCHEN (LHM) (Hrsg.) 2004b: Theresienhöhe – ein neues Stadtquartier entsteht. Referat für Stadtplanung und Bauordnung. München.

LANDESHAUPTSTADT MÜNCHEN (LHM) (Hrsg.) 2005e: Statistisches Taschenbuch. München und seine Stadtbezirke 2005. Direktorium, Statistisches Amt. München.

LANDESHAUPTSTADT MÜNCHEN (LHM) (Hrsg.) 2005j: Statistisches Jahrbuch 2005. Direktorium. Statistisches Amt. München.

LESER, H. (Hrsg.) 1997: Wörterbuch Allgemeine Geographie. München.

LICHTENBERGER, E. 1998: Stadtgeographie 1. Begriffe, Konzepte, Modelle, Prozesse. Stuttgart.

MALECEK, S. u. C.-C. WIEGANDT 2003: Von Wolfsbüttel nach München – Zuzüge in die Stadt. In: G. Heinritz et al. (Hrsg.): Der München Atlas. Die Metropole im Spiegel faszinierender Karten. Köln, S.192-193.

MIOSGA, M. 2003: Westend – vom Fortschritt umzingelt. In: G. Heinritz et al. (Hrsg.): Der München Atlas. Die Metropole im Spiegel faszinierender Karten. Köln, S. 126-127.

MULDER, C. 1993: Migration Dynamics: A Life Course Approach. Amsterdam.

NIEFERT, M. 2004: Räumliche Mobilität und Wohnungsnachfrage. Eine empirische Analyse des Umzugsverhaltens in Westdeutschland. Münster (= Empirische Wirtschaftsforschung und Ökonomie 10).

OSKAMP, A. 1997: Local Housing Market Simulation. Amsterdam.

PERRY, T. u. C. APPEL 2004: Trendmonitoring im Wohnungsmarkt. Eine Untersuchung für den vhw. In: Forum Wohneigentum 1, S. 3-10.

POHL, J. 1987: Das Westend – Sanierung und Funktionswandel im Arbeiterviertel Westend. In: R. Geipel et al. (Hrsg.): München. Ein sozialgeographischer Exkursionsführer. Kallmünz/Regensburg (= Münchener Geographische Hefte Nr. 55/56), S. 301-328.

POPP, M. u. C.-C. WIEGANDT 2003: Mieten in München – Man leistet sich ja sonst nichts. In: G. Heinritz et al. (Hrsg.): Der München Atlas. Die Metropole im Spiegel faszinierender Karten. Köln, S. 178-179.

RAVENSTEIN, E. 1885: The Laws of Migration. In: Journal of the Royal Statistical Society 48, S. 167-227.

REISS-SCHMIDT, S. 2001: Die neue Theresienhöhe. Leitprojekt der Stadtentwicklung. In: Umrisse. Zeitschrift für Baukultur, Ausgabe 5/6, S. 116-117.

REISS-SCHMIDT, S. 2003: Wo die Zukunft Stadt findet – Stadtumbau und große Projekte. In: G. Heinritz et al. (Hrsg.): Der München Atlas. Die Metropole im Spiegel faszinierender Karten. Köln, S. 68-69.

RUDOLPH MÜLLER GMBH & Co. KG Immobilien Informationsverlag (Hrsg.) 2004: Plötz Immobilienführer München und Einzugsgebiet 2004. Köln.

SCHAFFER, F. 1986: Angewandte Stadtgeographie. Projektstudie Augsburg. Trier (= Forschungen zur deutschen Landeskunde 226).

SCHNEIDER, N. u. A. SPELLENEBRG 1999: Lebensstile, Wohnbedürfnisse und räumliche Mobilität. Opladen.

SCHNELL, R. et al. 1999: Methoden der empirischen Sozialforschung. München.

STATISTISCHES BUNDESAMT (Hrsg.) 2003: Volkswirtschaftliche Gesamtrechnungen. Nettoeinkommen und Zahl der Haushalte nach Haushaltsgruppen 1991 bis 2002. Wiesbaden.

STEIDLE, O. 2001: Bürohaus und Wohnturm. Bavaria Park Plaza und MK5. In: Umrisse. Zeitschrift für Baukultur, Ausgabe 5/6, S. 118-119.

THAHLGOTT, C. 2001: Die Theresienhöhe – ein Leitprojekt der Stadtentwicklung. In: Landeshauptstadt München (Hrsg.): Baustelle Zukunft. Die neue Theresienhöhe nimmt gestallt an. Referat für Stadtplanung und Bauordnung. München, S.8-12.

VORAUER-MISCHER, K. u. K. WIEST 2003: Wer wohnt wo – Ein sozialräumlicher Überblick. In: G. Heinritz et al. (Hrsg.): Der München Atlas. Die Metropole im Spiegel faszinierender Karten. Köln, S. 176-178.

WEICHART, P. 1993: Mikroanalytische Ansätze der Sozialgeographie. Leitlinien und Perspektiven der Entwicklung. In: Petermüller-Strobl, M. u. J. Stötter (Hrsg.): Der Geograph im Hochgebirge. Beiträge zu Theorie und Praxis geographischer Forschung. Innsbruck, S. 101-115, (= Innsbrucker Geographische Studien 20).

WEICHART, P. 1994: Raumbezogene Identität. Bausteine zu einer Theorie räumlich-sozialer Kognition und Identifikation. Stuttgart (= Erdkundliches Wissen 102).

WERLEN, B. 2000: Sozialgeographie. Bern.

WIEGANDT, C.-C. 1997: Stadtumbau auf Brachflächen – damit es künftig nicht mehr 100 Fußballfelder am Tag sind. In: Informationen zur Raumentwicklung Heft 8/9, S. 621-642.

WIESSNER, R 1989: Münchner Wohnungsteilmärkte im Wandel und die Relevanz geographischer Forschungsperspektiven (Einführung). In: R. Geipel et al. (Hrsg): Münchner Wohnungsteilmärkte im Wandel. Kallmünz/Regensburg (= Münchener Geographische Hefte Nr. 60), S. 7-24.

ZEHNER, K. 2001: Stadtgeographie. Gothar.

ZELINSKY, W. 1971: The Hypothesis of the Mobility Transition. In: Geographical Revue 61, S. 219-249.

ZERWECK, D. 1998: Großstädtische Wohnstandorte. Die Bestimmung von Wohnstandortpräferenzen als Planungshilfe zur Stadtentwicklung am Beispiel Nürnberg. Dortmund (= Dortmunder Beiträge zur Raumentwicklung 83).

Quellen aus Tageszeitungen:

HAGEMANN, J. 2003: Trotz aller Nörgelei. In: Süddeutsche Zeitung 16.12.2003. Online im Internet: URL: http://www.suedeutsche.de/immobilien/geldmarkt/artikel/659/23636/ (Stand:7.02.2005).

HERWIG, O. 2004: Das Zeug zum Wahrzeichen. In: Süddeutsche Zeitung 14.01.2004. Online im Internet:. URL: http://www.sueddeutsche.de/immobilien/geldmarkt/artikel/838/24814/ (Stand:12.12.2005).

Internetquellen:

BERGMANN, E. 1996: Die Städte in der Bundesrepublik Deutschland - auf dem Weg zu einer nachhaltigen Stadtentwicklung? In: Stadt mit Zukunft. energiebewußt und urban. Online im Internet. URL: http://www.lpb.bwue.de/publikat/forum6/forum6d.htm (Stand: 12.12.2005).

BÜRKNER, H.-J. 2002: „Lokale Identität". Anmerkungen zur politischen Konjunktur eines schillernden Begriffs. Online im Internet. URL: http://www.newsletter.stadt2030.de/index5.htm (Stand: 18.12.2005).

DEUTSCHES INSTITUT FÜR URBANISTIK (DIFU) (Hrsg.) 2005: Wohnen in der Innenstadt – eine Wiederentdeckung? In: Difu-Berichte 1+2. Online im Internet. URL: http://www.difu.de/publikationen/difu-berichte/1_05/03.phtml (Stand: 12.12.2005).

FEILMAYR, W. o.J.: Besonderheiten des Wohnungsmarktes. Online im Internet. URL: http://www.srf.tuwien.ac.at/feil/wertbegriffe.pdf (Stand: 18.12.2005).

FREIE UNIVERSITÄT BERLIN (Hrsg.) o.J.: Der Mensch im Raum. Räumliche Bevölkerungsbewegungen. Online im Internet. URL: http://www.e-geography.de/module/bev3/html/intro.htm (Stand:16.12.2005)

LANDESHAUPTSTADT MÜNCHEN (LHM) (Hrsg.) 2003: Theresienhöhe. Referat für Stadtplanung und Bauordnung. Online im Internet. URL: http://www.muenchen.de/Rathaus/referate/plan/stadtentwicklung/projekte/61360/theresienh.html (Stand 7.12.2005).

Literaturverzeichnis

LANDESHAUPTSTADT MÜNCHEN (LHM) (Hrsg.) 2005a: Gebiet Theresienhöhe: Stadt steht zur "Münchner Mischung" im Wohnungsbau – Vergabe erfolgt nach klaren Regeln. Referat für Stadtplanung und Bauordnung. In: Rathaus Umschau 4.02.2005. Online im Internet. URL: http://www.muenchen.de/Rathaus/dir/presse/2005/pressemitteilungen/122305/theresienhoehe.html (Stand: 12.12.2005).

LANDESHAUPTSTADT MÜNCHEN (LHM) (Hrsg.) 2005b: München Modell- Miete - Informationen für Mieter. Referat für Stadtplanung und Bauordnung. Online im Internet. URL: http://www.muenchen.de/Rathaus/plan/stadtsanierung/wohnungsbau/60330/info_f_miete.html (Stand 6.12.2005).

LANDESHAUPTSTADT MÜNCHEN (LHM) (Hrsg.) 2005c: Eigentumswohnungen mit Grundstücksermäßigung. Referat für Stadtplanung und Bauordnung. Online im Internet. URL: http://www.muenchen.de/Rathaus/plan/stadtsanierung/wohnungsbau/106334/mm_eigentum.html (Stand 6.12.2005).

LANDESHAUPTSTADT MÜNCHEN (LHM) (Hrsg.) 2005d: Schwanthalerhöhe. Online im Internet. URL: http://www.muenchen.de/verticals/Stadtteile/114225/ (Stand:7.12.2005).

LANDESHAUPTSTADT MÜNCHEN (LHM) (Hrsg.) 2005f: Mietspiegel für München 2005. Stadtplanprogramm, Wohnlagendefinition. Sozialreferat. Online im Internet. URL: http://www.mietspiegel-muenchen.de/grundlagen_m.html (Stand: 7.12.2005).

LANDESHAUPTSTADT MÜNCHEN (LHM) (Hrsg.) 2005g: Großmarkthalle. Kommunalreferat. Online im Internet. URL: http://www.muenchen.de/Rathaus/kom/grossmarkth/grmarkt/39513/index.html (Stand: 7.12.2005).

LANDESHAUPTSTADT MÜNCHEN (LHM) (Hrsg.) 2005h: Sendling. Online im Internet. URL:http://www.muenchen.de/verticals/Stadtteile/114226/ (Stand: 14.12.2005).

LANDESHAUPTSTADT MÜNCHEN (LHM) (Hrsg.) 2005i: Westpark. Referat für Arbeit und Wirtschaft. Tourismusamt. Online im Internet. URL: http://www.muenchen.de/Tourismus/Sehenswuerdigkeiten/Gaerten_Parks_und_Friedhoefe/132856/Westpark.html (Stand:7.12.2005).

LANDESHAUPTSTADT MÜNCHEN (LHM) (Hrsg.) o.J.: Metadaten Privathaushalte. Direktorium, Statistisches Amt. Online im Internet. URL: http://www.muenchen.info/sta/m-stat/metadaten/haushalte.htm (Stand 6.12.2005).

MÜNCH, S. 2005: Pluralisierung der Lebensstile. Online im Internet. URL: http://www.schader-stiftung.de/wohn_wandel/836.php (Stand: 18.12.2005).

MÜNCHNER GESELLSCHAFT FÜR STADTERNEUERUNG MBH (Hrsg.) 2001: Grüne Wege durchs Westend. Online im Internet. URL: http://www.mgs-muenchen.de/mgs_wege/ausgang1.htm (Stand: 7.12.2005).

RUDOLPH MÜLLER GMBH & Co. KG Immobilien Informationsverlag (Hrsg.) o.J.a: Immobilienmanager Standortanalysen. Stadtteilprofile München - Schwanthalerhöhe. Online im Internet. URL: http://www.immobilienmanager.de/mark/stadtteil2.asp?ruecksetzer=&ort=M_001&stadtbezirk=M_0 01_23 (Stand:14.12.2005).

RUDOLPH MÜLLER GMBH & Co. KG Immobilien Informationsverlag (Hrsg.) o.J.b: Immobilienmanager Standortanalysen. Stadtteilprofile München - Sendling. Online im Internet. URL: http://www.immobilienmanager.de/mark/stadtteil2.asp?ruecksetzer=&ort=M_001&stadtbezirk=M_0 01_24 (Stand:14.12.2005).

SINUS SOZIOVISION GMBH (Hrsg.) 2005a: Sinus C12 Moderne Performer. In: Die Sinus-Milieus® in Deutschland 2005. Online im Internet. URL: http://www.sinus-sociovision.de/2/bc-2-3.htm (Stand: 18.12.2005).

SINUS SOZIOVISION GMBH (Hrsg.) 2005b: Sinus C2 Experimentalisten. In: Die Sinus-Milieus® in Deutschland 2005. Online im Internet. URL: http://www.sinus-sociovision.de/2/bi-2-3.htm (Stand: 18.12.2005).

Anhang I

Fragebogen zur Haushaltsbefragung im Quartier Theresienhöhe

Anhang I

Guten Tag.
Ich studiere Geographie an der Universität in München und untersuche in meiner Diplomarbeit das Wohnen auf der Theresienhöhe aus Sicht der Bewohner.
Ihre Meinung ist mir sehr wichtig, darf ich Ihnen kurz ein paar Fragen zum Wohnen auf der Theresienhöhe stellen?

Ludwig-Maximilians-Universität München

LMU

1	**Seit wann wohnen Sie hier?**
	Monat:___ Jahr:_____

2	**a) Wo haben Sie vorher gewohnt?**
	Offen abfragen, richtiges ankreuzen, bei München nach Stadtteil fragen
	_____
	O_1 In einem anderen Münchner Stadtteil
	$_2$ Im Münchner Umland
	O_3 In Bayern
	O_4 In Deutschland
	O_5 Im Ausland O_{99} k.A.
	b) Können Sie mir noch die Postleitzahl Ihres letzten Wohnortes nennen?
	PLZ:_____

3	**Welche Gründe waren für Ihren Umzug in Ihre jetzige Wohnung wichtig?**
	Mehrfachantworten möglich, Liste 1 vorzeigen
	O_1 Vergrößerung des Haushaltes
	O_2 Verkleinerung des Haushaltes
	O_3 Wechsel des Arbeitsplatzes/Ausbildungsortes
	O_4 Weg zum Arbeitsplatz/Ausbildungsort zu weit
	O_5 Alte Wohnung zu klein
	O_6 Alte Wohnung zu groß
	O_7 Schlechte Ausstattung der alten Wohnung
	O_8 Grundriss der alten Wohnung
	O_9 Kosten der alten Wohnung
	O_{10} Ungünstige Lebensbedingungen für Kinder am alten Wohnort
	O_{11} Probleme mit öffentlichen Verkehrsmitteln am alten Wohnort
	O_{12} Probleme mit der Nachbarschaft
	O_{13} zu laut, schlechte Luft, zuviel Verkehr am alten Wohnort
	O_{14} Wunsch nach besserer Wohngegend
	O_{15} Wunsch, nahe am Stadtzentrum zu wohnen
	O_{16} Ich/wir wollten in diesem Stadtteil wohnen
	O_{17} Erreichbarkeit von öffentlichen Einrichtungen
	O_{18} Erreichbarkeit von Geschäften
	O_{19} Erreichbarkeit von Grün- und Freiflächen
	O_{20} Sonstige, und zwar_____

Anhang I

4	Wie gut kannten Sie die Theresienhöhe, bevor Sie hergezogen sind?					
	O_1 sehr gut	O_2 gut	O_3 etwas	O_4 wenig	O_5 gar nicht	O_{99} k.A.

5	Haben Sie alternative Wohnstandorte in Betracht gezogen?
	O_1 Ja O_2 Nein O_{99} k.A.
	Wenn ja, welche?
	Offen abfragen, richtiges ankreuzen, bei München nach Stadtteil fragen
	O_1 In einem anderen Münchner Stadtteil
	$_2$ Im Münchner Umland
	O_3 In einer anderen Stadt
	O_4 sonstiges O_{99} k.A.

6	Wie zufrieden sind Sie mit Ihrer Wohnung, speziell mit.....?						
		Sehr Zufrieden	zufrieden	durchschnittlich	unzufrieden	sehr unzufrieden	k.A.
	a)...der Größe der Wohnung?	O_1	O_2	O_3	O_4	O_5	O_{99}
	b)...der Miethöhe oder Kosten der Wohnung?	O_1	O_2	O_3	O_4	O_5	O_{99}
	c)...Ausstattung der Wohnung?	O_1	O_2	O_3	O_4	O_5	O_{99}
	d)...dem Grundriss der Wohnung?	O_1	O_2	O_3	O_4	O_5	O_{99}

7	Wie zufrieden sind Sie mit der Theresienhöhe und der näheren Umgebung? *Liste vorzeigen*						
		Sehr Zufrieden 1	zufrieden 2	durchschnittlich 3	unzufrieden 4	sehr unzufrieden 5	k.A. 99
	a) Lage der Wohnung	O	O	O	O	O	O
	b) Erreichbarkeit der Grün- und Freiflächen in der Umgebung der Wohnung	O	O	O	O	O	O
	c) Attraktivität der Grün- und Freiflächen	O	O	O	O	O	O
	Gebäude und Straßenbild, speziell die						
	d) Gestaltung der Gebäude	O	O	O	O	O	O
	e) die Höhe der Gebäude	O	O	O	O	O	O
	f) der Abstand zwischen den Häusern	O	O	O	O	O	O
	g) Ausgehmöglichkeiten (Gaststätten, Cafes, Kneipen etc.)	O	O	O	O	O	O
	h) Zusammensetzung der Nachbarschaft	O	O	O	O	O	O
	i) Einkaufsmöglichkeiten	O	O	O	O	O	O
	j) Sicherheit für Fußgänger, Radfahrer, Kinder	O	O	O	O	O	O
	k) Angebot an Ärzten und helfenden Einrichtungen	O	O	O	O	O	O
	l) Spielmöglichkeiten für Kinder	O	O	O	O	O	O
	m) Angebot von Schulen	O	O	O	O	O	O
	n) Angebot von Kindergärten, Krippen,..	O	O	O	O	O	O
	o) Parkmöglichkeiten für PKW	O	O	O	O	O	O
	p) Erreichbarkeit mit öffentlichen Verkehrsmitteln	O	O	O	O	O	O
	q) Sonstiges, und zwar	O	O	O	O	O	O

Anhang I

8	Fühlen Sie sich in Ihrer Wohnumgebung durch irgendetwas gestört oder belästigt und wenn ja, wodurch?

9	Gibt es etwas, das man auf der Theresienhöhe besser machen könnte?
	O_1 nein O_2 ja, und zwar_____ O_{99} weiß nicht

10	Gibt es etwas, das Sie im Gegensatz zu Ihrer alten Wohnung vermissen und wenn ja, was?
	O_1 nein O_2 ja, und zwar_____ O_{99} weiß nicht

11	Welches Ansehen hat Ihrer Meinung nach die Theresienhöhe in der Öffentlichkeit und bei Ihnen persönlich?

	Sehr gut	eher gut	teils/ teils	eher schlecht	sehr schlecht	weiß nicht
a) Die Meinung in der Öffentlichkeit ist	O_1	O_2	O_3	O_4	O_5	O_{99}
b) Die persönliche Meinung ist	O_1	O_2	O_3	O_4	O_5	O_{99}

12	Wie lässt sich das Verhältnis zu Ihren Nachbarn beschreiben?
	O_1 Ich kenne meine Nachbarn kaum
	O_2 Ich kenne meine Nachbarn flüchtig, rede manchmal mit ihnen, habe aber sonst wenig mit ihnen zu tun
	O_3 Ich kenne meine Nachbarn näher, wir helfen uns gelegentlich
	O_4 Ich bin mit Nachbarn befreundet, wir besuchen uns öfter
	O_5 Ich habe öfter Streit und Ärger mit meinen Nachbarn

13	Wo ist auf der Theresienhöhe Ihr Lieblingsplatz außerhalb Ihrer Wohnung?
	Karte 1 herzeigen und markieren O_2 habe keinen Lieblingsplatz

14	a) Gibt es für Sie ein Wahrzeichen der Theresienhöhe?
	O_1 ja O_2 nein *weiter zu Frage 15*
	b) wenn ja, welches? *Antwort in die linken Kreise eintragen*
	c) welche der folgenden Bauwerke sind (auch) Wahrzeichen der Theresienhöhe? *Antwort in die rechten Kreise eintragen*
	O_1 die Bavaria mit dem Park O_1
	O_2 das Steidle- Hochhaus O_2
	O_3 die alte Jugendstil-Messehalle O_3
	O_4 sonstiges, und zwar_____
	O_5 weiß nicht

15	Welcher der folgenden Aussagen stimmen Sie am ehesten zu?
	O_1 die Theresienhöhe hat sich als Verbindungsstück zwischen Westend und Sendling gut eingefügt.
	O_2 die neue Theresienhöhe hat sich noch nicht in die bestehenden angrenzenden Viertel integriert, das braucht noch etwas Zeit.
	O_3 der Unterschied zu den anliegenden Vierteln ist so groß, dass die Theresienhöhe immer ein eigenständiges Innenstadtviertel bleiben wird.

16	**Wenn Sie in München frei wählen könnten, wo würden Sie am liebsten wohnen?**
	O$_1$ Am liebsten hier auf der Theresienhöhe
	O$_2$ Am liebsten in einem anderen Münchner Stadtteil, und zwar:_____
	$_3$ im Münchner Umland, in_____ O$_{99}$ weiß nicht, egal
17	**Beabsichtigen Sie, in den nächsten Jahren umzuziehen und wenn ja, warum?**
	O$_1$ nein O$_2$ ja, weil_____
	O$_3$ weiß ich noch nicht
18	**Wohnen Sie zur Miete oder handelt es sich um eine Eigentumswohnung?**
	O$_1$ Miete
	O$_2$ Eigentum *bei Frage 19 nur ab Antworten 4 bis 6*
19	**Handelt es sich bei Ihrer Wohnung um eine...**
	O$_1$ Sozialwohnung
	O$_2$ Genossenschaftswohnung
	O$_3$ Dienstwohnung
	O$_4$ Wohnung im Rahmen des München Modells
	O$_5$ freifinanzierte Wohnung
	O$_6$ sonstiges, und zwar_____ O$_{99}$ weiß nicht

Am Ende habe ich noch ein paar Fragen zu Ihrer Wohnung und Ihrem Haushalt!

20	**Wie groß ist Ihre Wohnung?**
	_____ qm O$_{99}$ weiß nicht
21	**Wieviel Kosten müssen Sie im Monat für Ihre Wohnung einrechnen?**
	_____ Euro O$_{99}$ k.A.
22	*Antworten der Folgenden Fragen in die Matrix eintragen*
	a) **Wie viele Erwachsene leben in Ihrem Haushalt?**
	b) **Wie alt sind sie jeweils und welches Geschlecht haben sie?**
	c) **Wohnen auch Kinder in Ihrem Haushalt? Wenn ja, wie viele?**
	d) **Wie alt sind sie jeweils?**
	e) **Welchen höchsten Bildungsabschluss haben die Personen?** *Nummer eintragen, Sonstige eintragen*
	1 Volks-/Hauptschulabschluss
	2 Mittlere Reife
	3 Abitur/Fachabitur
	4 Hochschulabschluss/Fachhochschulabschluss
	5 Noch in Ausbildung
	6 kein Abschluss
	f) **Sind die Personen erwerbstätig und wenn ja, vollzeit oder teilzeit?** *v oder t eintragen, n für nicht erwerbstätig*
	g) **Welche Staatsbürgerschaft haben die Personen?** *d für deutsch, sonst komplett eintragen*
	Wenn 23 a) eine Person Fr. 23

Anhang I

	Alter	Geschlecht	Bildungsabschluss	Erwerbstätigkeit	Staatsbürgerschaft
Befragte Person					
2. Person					
3. Person					
4. Person					
1. Kind					
2. Kind					
3. Kind					

h) In welchem Verhältnis stehen die Erwachsenen in Ihrem Haushalt zueinander?

O_1 verheiratet

O_2 nicht verheiratet, aber in fester Beziehung

O_3 nicht verheiratet

O_{99} k.A.

23 Wenn Sie alles zusammenrechnen: Wie hoch ist ungefähr Ihr monatliches Nettohaushaltseinkommen?
Liste 3 zeigen und Nummer nennen lassen

O_1 Bis 1.100 Euro

O_2 1.100 bis 1.600 Euro

O_3 1.600 bis 2.100 Euro

O_4 2.100 bis 2.600 Euro

O_5 2.600 bis 5.000 Euro

O_6 5.000 und mehr

O_{99} k.A.

Vielen Dank für Ihre Mithilfe!

Liste 1

Welche Gründe waren für Ihren Umzug in Ihre jetzige Wohnung wichtig?

1) Vergrößerung des Haushaltes

2) Verkleinerung des Haushaltes

3) Wechsel des Arbeitsplatzes/Ausbildungsortes

4) Weg zum Arbeitsplatz/Ausbildungsort zu weit

5) Alte Wohnung zu klein

6) Alte Wohnung zu groß

7) Schlechte Ausstattung der alten Wohnung

8) Grundriss der alten Wohnung

9) Kosten der alten Wohnung

10) Ungünstige Lebensbedingungen für Kinder am alten Wohnort

11) Probleme mit öffentlichen Verkehrsmitteln am alten Wohnort

12) Probleme mit der Nachbarschaft

13) zu laut, schlechte Luft, zuviel Verkehr am alten Wohnort

14) Wunsch nach besserer Wohngegend

15) Wunsch, nahe am Stadtzentrum zu wohnen

16) Ich/wir wollten in diesem Stadtteil wohnen

17) Erreichbarkeit von öffentlichen Einrichtungen

18) Erreichbarkeit von Geschäften

19) Erreichbarkeit von Grün- und Freiflächen

20) Sonstige, und zwar

Anhang I

Ludwig-Maximilians-Universität München — LMU

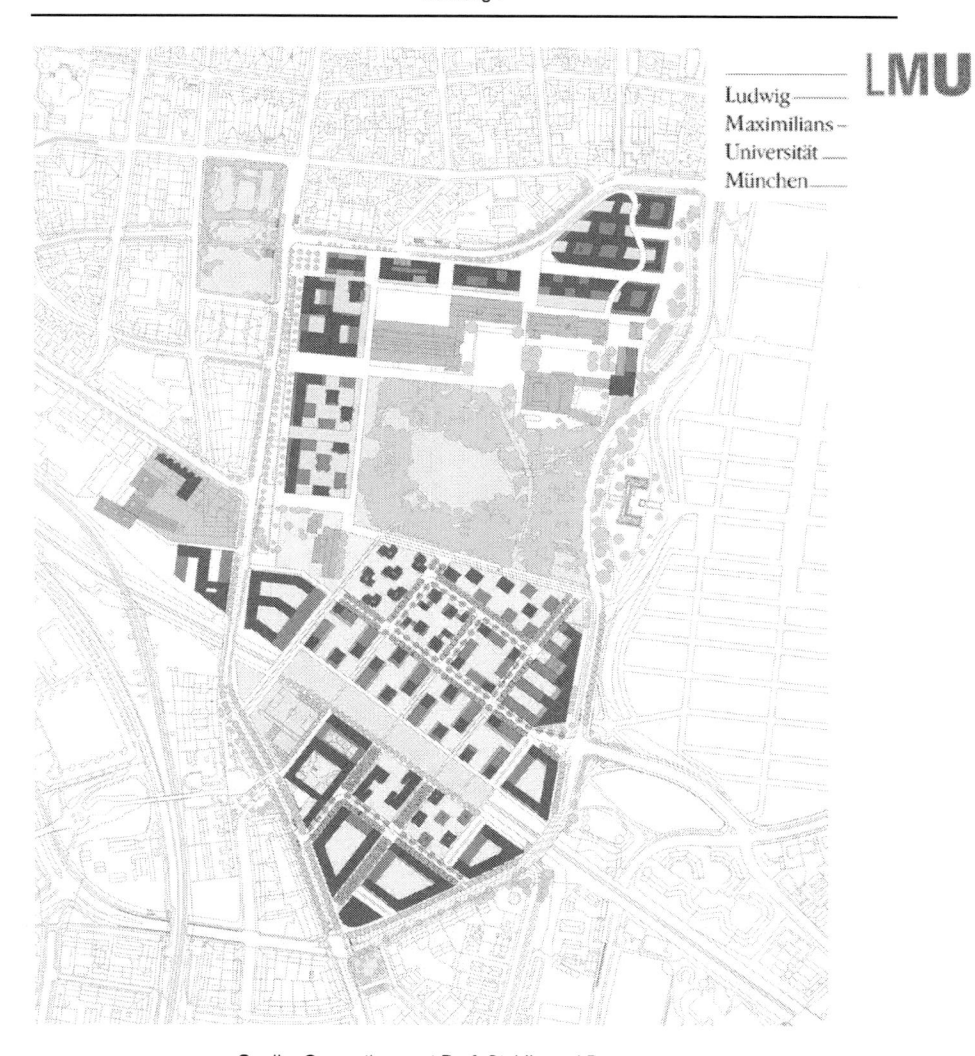

Quelle: Gesamtkonzept Prof. Steidle und Partner

Karte 1

Liste 2

Wie zufrieden sind Sie mit der Theresienhöhe und der näheren Umgebung?

1	2	3	4	5
Sehr Zufrieden	zufrieden	durch schnittlich	unzufrieden	sehr unzufrieden

a) Lage der Wohnung

b) Erreichbarkeit der Grün- und Freiflächen in der Umgebung der Wohnung

c) Attraktivität der Grün- und Freiflächen

Gebäude und Straßenbild, speziell die
d)   Gestaltung der Gebäude
e)   die Höhe der Gebäude
f)   der Abstand zwischen den Häusern

g) Ausgehmöglichkeiten (Gaststätten, Cafes, Kneipen etc.)

h) Zusammensetzung der Nachbarschaft

i) Einkaufsmöglichkeiten

j) Sicherheit für Fußgänger, Radfahrer, Kinder

k) Angebot an Ärzten und helfenden Einrichtungen

l) Spielmöglichkeiten für Kinder

m) Angebot von Schulen

n) Angebot von Kindergärten, Krippen,..

o) Parkmöglichkeiten für PKW

p) Erreichbarkeit mit öffentlichen Verkehrsmitteln

q) Sonstiges, und zwar

Liste 3

Wenn Sie alles zusammenrechnen: Wie hoch ist ungefähr Ihr monatliches Nettohaushaltseinkommen?

1) Bis 1.100 Euro

2) 1.100 bis 1.600 Euro

3) 1.600 bis 2.100 Euro

4) 2.100 bis 2.600 Euro

5) 2.600 bis 5.000 Euro

6) 5.000 und mehr

Anhang II
Störfaktoren und Verbesserungsvorschläge

Anhang II

Frage: Wodurch fühlen Sie sich in Ihrer Wohnumgebung gestört oder belästigt ? n=149

Lesebeispiel: 88,5% von den Befragten, die Störfaktoren nennen, beschweren sich über den Bereich Baustellen, 38 mal wird dabei der Baustellenlärm genannt.

	Anzahl der Nennungen
Baustelle (88,5%)	
Baustelle allgemein	44
Baustellenlärm	38
ewige Baustelle, Terminverzögerung	19
Staub, Dreck	9
Baustelle Messehalle, Verkehrsmuseum	6
Straßen-, Wegebau	6
Wege durch Baustelle zu weit; Straßenführung durch Baustelle	4
Baustelle HypoVereinsbank-Grube	1
Außenanlagen nicht termingerecht fertig	1
Baustellenverkehr	1
keine Informationen zu Baustellen/ über die Bebauung	1
Probleme, die Haus/Wohnung betreffen (11,4%)	
Baumängel allgemein	3
Feuchtigkeit im Keller	2
Tiefgaragenabsperrung defekt	2
Innenhof hallt	2
Probleme mit Lift	1
Küche gefällt nicht	1
Straßenlaterne erhellt die ganze Wohnung	1
Fenster undicht, es zieht	1
nicht barrierefrei	1
zu kleine Postkisten	1
Rollos windgesteuert	1
Antennen gehen nicht	1
es gibt keine Glaskontainer	1
Probleme mit Verkehrsinfrastruktur (11,3%)	
Verkehrslärm (Straße, ÖPNV)	5
Ganghoferstraße: sehr stark befahren, schlecht für Fußgänger	2
Autos fahren auf dem Radweg/Gehweg	2
Schulweg weit und gefährlich	2
Stau	1
rücksichtslose Radfahrer	1
Kopfsteinpflaster stört	1
nicht autofreundlich	1
man ist aufs Auto angewiesen	1
zu wenig Fahrradständer	1

Probleme mit der Art der Bebauung (11,2%)

Häuser stehen zu nah, zu dicht, alle sitzen eng aufeinander	5
alles Beton, zuviel versiegelt, zu wenig grün	3
künstliche Stadt, charakterlos, gewachsenes Viertel fehlt	2
nur Wohnungen, fehlende Durchmischung	1
vorstädtisch, zu wenig bebaut	1
im Baustil und Begrünung sehr unterschiedlich bei frei finanziert und gefördert (grau und versiegelt)	1
sehr vollgebaut, zu viele Wohnungen	1
alles ist rechteckig	1
keine einheitliche Gestaltung bei den Gebäuden	1

Probleme mit Kindern und Jugendlichen (8,8%)

Jugendhaus/Feuerwache zu laut am Wochenende	6
zu viele Kinder; zu viele Familien mit Kinder	3
Kinder, die Fußball spielen, sind laut	2
Kinder sind laut allgemein	1
freche Kinder	1

Probleme mit sozialer Mischung (7,4%)

(Angst vor) Sozialwohnungen	3
Gettoisierung/ sozialer Mix geht verloren	3
soziales Gefälle	1
Verhältnis Ausländer zu Deutsche gefällt nicht	1
durch Ausländergangs belästigt	1
zwielichtige Gestalten	1
im Haus auch Stadibau, gleiche Wohnung kostet für andere weniger	1

Hunde (2,0%)

Hunde auf dem Spielplatz	1
nicht angeleinte Hunde im Park	1
Probleme zwischen Hundebesitzer und Anderen	1

Probleme mit den Nachbarn (2,0%)

Nachbarn zu laut, rücksichtslos; Lärm aus Nachbarhäusern	2
rauchende Nachbarn	1

Einkaufsmöglichkeiten fehlen (1,3%)

zu wenig Einkaufsmöglichkeiten allgemein	1
Supermarkt fehlt	1

Oktoberfest stört (1,1%)

Sonstige Probleme (3,4%)

Umspannwerk nicht schön gestaltet	2
Ratten	1
Diebstähle, Einbrüche, Zerstörung	1
Büroleerstand	1

Anhang II

Frage: Gibt es etwas, das man auf der Theresienhöhe besser machen könnte?
n=126
Lesebeispiel: 28,4% von den Befragten, die Verbesserungsvorschläge nennen, geben Anregungen für den Bereich Art der Bebauung, 3 mal wird eine Verschönerung der Grünflächen genannt.

Art der Bebauung (28,4%)	
weniger versiegeln; mehr grün; mehr Sitzgelegenheiten und Bäume	18
Häuser weiter auseinander bauen, mehr Rückzugsmöglichkeiten schaffen	9
schönere Grünflächen schaffen: Esplanade und Grünstreifen am Straßenrand	3
Büros nicht so nah bauen	2
keine verschiedenen Bauträger	1
Häuser attraktiver gestalten	1
zentralen Treffpunkt, Kern schaffen	1
Gebiet dichter bebauen	1

Einkaufsmöglichkeiten (26,4%)	
mehr Einkaufsmöglichkeiten allgemein	26
mehr kleine Geschäfte: Obststand, Metzger	4
größere Einkaufsmöglichkeiten	2
Einkaufszentrum	2

Vorschläge zur Verkehrsinfrastruktur (24,4%)	
mehr Parkmöglichkeiten	7
Spielstraße, Zone 30, verkehrsberuhigt, nur für Anwohner, Einbahnstraße, Hindernisse	6
Zufahrt besser regeln	5
Beschilderung für Straßennamen, Parkplätze, Radwege, Gehwege	4
bessere Straßenübergänge: Ampel, Zebrastreifen, Unterführung (am Bavariaring)	3
es fahren Autos auf dem Radweg: Radweg nicht so breit gestalten	3
Kopfsteinpflaster ändern	1
zweispurige Straße	1
Durchgangsstraßen zwischen Nord- und Südteil schaffen	1

Baustelle (15,3%)	
schneller bauen	9
mehr Informationen zu Baustellen, Informationen über die Bebauung	4
Baustellen allgemein	2
Baustelle Messehalle, Verkehrsmuseum fertig stellen	1
Straßen/Wege fertig stellen	1
Baugebot für HypoVereinsbank-Gelände	1
bessere Abstimmung bei städtischen Stellen	1

Kinder/Jugendliche (13,2%)	
mehr Spielplätze	9
Möglichkeiten für größere Kinder: Fußballplatz, große Wiese	5
Feuerwache: Lüftung/Schallschutz damit Fenster nicht immer aufgemacht werden müssen	1

Vorschläge zu Ausgehmöglichkeiten und Freizeitangeboten (12,7%)

Ausgehmöglichkeiten Kneipen, Cafés allgemein	10
Biergarten	2
Disco	2
Sportmöglichkeiten	2
Eiscafé	1
Alternatives	1

Vorschläge zur soziale Mischung (3,8%)

anders mixen im Südteil	2
Gettoisierung verhindern	1
Verhältnis Ausländer/Deutsche ändern	1
heterogenere Sozialstruktur: Mischung auch innerhalb der Häuser	1

Vorschläge zum Thema Hunde (2%)

Hundeverbot im Bavariapark	4
Hunde im Park anleinen	1
Freilauffläche für Hunde	1

Vorschläge auf Haus/Wohnung bezogen (1,5%)

größere Postkisten	1
Weg am Hinterausgang besser einrichten	1

Ärztehaus/Ärztezentrum schaffen (1,5%)

Sonstige Vorschläge (1,3%)

mehr Kontrolle durch Polizei	1
WC im Bavariapark	1

MoreBooks! publishing

i want morebooks!

Buy your books fast and straightforward online - at one of world's fastest growing online book stores! Environmentally sound due to Print-on-Demand technologies.

Buy your books online at
www.get-morebooks.com

Kaufen Sie Ihre Bücher schnell und unkompliziert online – auf einer der am schnellsten wachsenden Buchhandelsplattformen weltweit! Dank Print-On-Demand umwelt- und ressourcenschonend produziert.

Bücher schneller online kaufen
www.morebooks.de

VSG — VDM Verlagsservicegesellschaft mbH
Heinrich-Böcking-Str. 6-8
D - 66121 Saarbrücken
Telefon: +49 681 3720 174
Telefax: +49 681 3720 1749
info@vdm-vsg.de
www.vdm-vsg.de

Printed in Germany
by Amazon Distribution
GmbH, Leipzig